DESPIERTA LA ENERGÍA QUE HAY DENTRO DE TI

Manual básico para un cambio vital. Alimenta
tu energía y crea tu realidad deseada

Diana López Iriarte

DESPIERTA LA ENERGÍA QUE HAY DENTRO DE TI

Mestas
ediciones

Colección
SUPÉRATE Y TRIUNFA

© Diana López Iriarte
© JORGE A. MESTAS EDICIONES, S.L.
Avda. de Guadalix, 103
28120 Algete, Madrid
Tel. 91 886 43 80
Fax: 91 886 47 19
E-mail: info@mestasediciones.com
www.mestasediciones.com
http://www.facebook.com/MestasEdiciones
http://www.twiter.com/#!/MestasEdiciones

Imagen de portada bajo licencia Shutterstock
Autor portada: Fiedels

Director de colección: Raül Pere

Primera edición: *Febrero, 2017*

Ni el autor de esta obra ni Mestas Ediciones se hacen responsables del mal uso de las recomendaciones que se exponen en el presente libro, haciendo constar que toda la información contenida en el mismo es de carácter educativo y divulgativo, y que en ningún caso pretende ser una sustitución de cualquier protocolo necesario para mantener una salud en términos médicos. Para esas cuestiones le aconsejamos que se ponga en manos de un profesional de la medicina competente, que será el encargado de diagnosticar y prescribir todo lo concerniente con su salud. Esta guía es simplemente un complemento emocional para cualquier tratamiento que su médico decida proponerle.

ISBN: 978-84-16775-61-3
Depósito legal: M-2025-2017
Printed in Spain – Impreso en España

*A mis hijos, Isaac y Miguel, que me mantienen
conectada cada instante al amor.
A Jorge por su amor y apoyo incondicional.
Al planeta tierra y a sus animales.
A mi madre que me dio la vida.*

PRÓLOGO
¿TE VIENES CONMIGO A DESCUBRIR UN MUNDO NUEVO?

Antes de que ni siquiera te plantees el hecho de leer o no este libro, me gustaría hacerte una pregunta.

¿Sueñas a menudo con un mundo mejor? ¿Te has sentido muchas veces estancado en medio de tu vida y con ganas de que de pronto pase algo que lo transforme todo?

¿Estás buscando respuestas y herramientas que te den la fuerza, el poder y el ánimo suficientes como para rescatar tu alma de entre los rescoldos de tu vida presente y empezar de nuevo?

¿Te gustaría recuperar la salud o la energía sabiendo qué comer, cuándo y cómo debes comerlo?

¿Harto de ir de terapeutas a acupuntores, de fisioterapeutas a médicos, de diagnóstico en diagnóstico, pero sin dar con la clave que te resuene dentro y haga ese "clic" certero, claro y sanador?

¿Estás buscando hace tiempo un paradigma energético integrador de la alimentación, las emociones, la salud y la vida que te permitan adquirir el poder de regularte por ti mismo, sin depender de consejos ajenos?

¿Llevas tiempo queriendo alimentarte mejor, cuidar mejor de tus hijos o tu familia, pero entre tanta información no sabes ya, qué es correcto o qué sólo es una moda?

Si has respondido que sí a alguna de estas preguntas, aún incluso si te encuentras enfermo, deprimido, obeso, o diagnosticado con alguna enfermedad denominada grave o "In-curable", si este es tu caso, entonces te invito a leer este libro.

Durante más de trece años leí, investigué, estudié y comprobé en mi familia, en mis hijos y en mí misma, todo lo que había sobre salud alternativa y alimentación. Estudié macrobiótica, la dieta de los grupos sanguíneos, alimentación ayurvédica, dieta alcalina, y un largo etcétera. Tras años de estudio y de vivencia personal, y habiéndome curado a mí misma de una fibromialgia, colon irritable y migrañas crónicas, te traigo todos los conocimientos de alimentación, crecimiento personal, salud y energía, que me ayudaron a sanar y transformar, no sólo mi cuerpo sino mi vida al completo.

Entonces...

¿Te vienes conmigo a descubrir un mundo nuevo?

CAPÍTULO 1
BREVE HISTORIA DE MI TIEMPO

LA EXTRAÑEZA DE UN NIÑO ALEGRE
ANTE UN MUNDO INCOHERENTE

Yo no soy de aquí, y sospecho que en un sentido tú tampoco. Desde muy pequeña, me sentía ya extraña y diferente. ¿Te ha pasado esto también a ti? Bien temprano empecé a rebelarme contra aquellas cosas que normalmente se daban por sentadas, pero que no entendía por carecer de lógica y sentido. Crecí cuestionando muchos paradigmas, los adultos se reían y me decían que yo no entendía, que había "otros intereses". Nunca comprendí, por ejemplo, el hecho de que hubiera algo denominado paro, cuando veía personas trabajando demasiadas horas. Para mí era claro que si algunas personas no tenían posibilidad de trabajar y aportar su energía a la sociedad, evidentemente se estaba perdiendo su contribución, y en consecuencia otros tendrían que trabajar por dos. De hecho, como estudiaba en las clases de historia, en los poblados y civilizaciones "menos evolucionados" o en las colonias de animales, era el trabajo y la contribución de todos sus miembros y elementos, lo que aseguraba y proporcionaba el bienestar y la supervivencia del grupo. Esta competitividad, y este "juego de las sillas" donde algunos se quedaban siempre fuera del mundo laboral, me resultaba la cosa menos inteligente y productiva que el ser humano podía hacer si quería prosperar como especie y aprovechar y gestionar sus recursos, tanto materiales, como humanos. Me parecía algo absurdo del todo que aquello tan sencillo no se solucionase. Mantenerlo, según mi mente de niña, iba contra el sentido común. Más tarde he comprendido los motivos de éste y otros despropósitos en los que vivimos inmersos y que aceptamos como realidad única posible con tanta naturalidad. Mi mente de rebelde, o quizá las ganas innatas de mejorarlo todo, me han hecho siempre cuestionarme este tipo de cosas inútiles y manidas.

Tampoco entendía ni entendí jamás las distinciones que se hacían sobre lo que debía hacer una niña o una mujer, y un niño o un hombre. Me sentía ante todo un ser humano inteligente y no parte de la mitad de un género sexual, con la mitad de derechos y cualidades. Me sentía completa, hombre y mujer. Sentía la presencia de lo femenino y lo masculino en mí. Y me rebelaba contra estas "normas" manidas y preestablecidas que encasillaban a las personas. Cualquier clasificación o diferenciación que subestimaba a un ser humano y lo diferenciaba de otro me parecía inútil: nacionalidades, edad, experiencia, etc. pues veía que hasta el niño más pequeño podía ser portador de una idea que solucionase un problema, al menos, así imaginaba que podría haber sido en las sociedades primitivas. Todos diferentes y únicos, pero igual de importantes.

Por las noches, en la soledad de mi cama, me preguntaba el porqué de mi existencia. Durante mi tiempo libre rara vez me aburría; estudiaba y leía todo lo que encontraba, desde libros de cómo leer las líneas de la mano, hasta tratados de psicología y astrología. Todo ello lo sacaba de la enciclopedia "Otros mundos" que reposaba en las estanterías repletas de libros del salón de mi casa. También, cómo no, me interesaba la física de las estrellas.

Mirando al espacio y al tiempo mientras veía "Cosmos" de Carl Sagan, me sentía abrumada por un infinito que hacía que mi pequeña existencia y sus problemas careciesen de significado y sentido. Quizá por ello más tarde estudiaría físicas, tratando de encontrar respuestas para mi curiosidad y mis ganas de entender la vida. Buscaba información, investigaba... Tal vez todo ello sólo era una huida intelectual para llenar el vacío de mi cuerpo flaco y descuidado, falto de ternura, inmerso en una vida aburrida y tediosa, en la cual mi soledad era tan grande que necesitaba distraerme para no sentir la falta de amor que nos rodeaba a todos.

Prohibido todo placer y disfrute, por la cultura del "trabajo" y el "esfuerzo". Sumida bajo el imperativo social de no poder brillar ni disfrutar, mi mente vivaz se entretenía creando historias o descubriendo datos interesantes y relacionándolos entre sí.

Mis congéneres y yo éramos adiestrados todos como iguales, carentes los formadores y profesores de todo interés por descubrir quién éramos. Nos sumergían en una educación que era en sí misma un cántico patrocinador de la mediocridad y el desánimo. Aún así mis compañeros y yo, sentíamos en secreto que estábamos llamados a hacer algo importante y a ayudar a mejorar el mundo en que vivíamos. Creo que esto es algo innato en el ser humano, ya que venimos justamente a eso, a aportar nuestra contribución al mundo y a la consciencia, para mejorar y prosperar como especie.

No obstante, por mi peculiar forma de ser, a menudo entre los niños del patio me sentía como una extraterrestre. Observaba sus juegos sin comprenderlos. He de confesar que esto aun me sucede a día de hoy. A menudo, gran parte de las actividades y conversaciones humanas me resultan aburridas, vacías, absurdas. No alcanzo a entender qué les mueve muchas veces a continuar en sus quehaceres y vidas desprovistas de metas o alegría. Siempre necesité un motivo, una causa; pero sobre todo, una chispa de autenticidad, esa pizca de magia capaz de cambiarlo todo y de hacerte vibrar. Sin eso para mí no hay vida.

¿CÓMO Y POR QUÉ PERDEMOS ESA MAGIA DE ASOMBRARNOS QUE TENÍAMOS CUANDO NIÑOS?

En mi opinión esto forma parte de un proceso que se da en dos frentes:

- Si no somos capaces de redescubrir cada día las pequeñas cosas que suceden y de sorprendernos.

- De disfrutar de la compañía y la mirada de otro ser humano, de alegrarnos con una canción bonita que suena, de embelesarnos con los árboles verdes que se mecen, con la aparición en nuestro camino de un perro o un gato lleno de ternura y nobleza...

- Si no redescubrimos a cada instante lo nuevo que está ante nuestros ojos..., la cotidianidad se convierte en un programa de repetición del pasado.

- Creo que la vida, cuando dejamos de disfrutarla, se estanca y deja de correr por nuestras venas. Esto lo llamamos enfermedad. Es mi sentir profundo.

EDUCANDO SERES INFINITOS PARA ENCAJAR EN MOLDES ESTANCOS

Aquella niña empática y sensible, llena de magia, vida e ilusiones que entendía y amaba a los animales, con una imaginación desbordante y ganas de salvar a cada insecto o animal que encontraba a su paso, creció en solitario y "mentalmente", desprovista de todo conocimiento emocional sobre mí misma y sobre lo que sentían los demás. Tratando de encajar en una sociedad absurda donde en realidad no había hueco para ella, ni en realidad para casi nadie con corazón y talento.

Años después, problemas sociales y económicos me impidieron terminar mis estudios de ciencias físicas y, tratando de encontrar salida para mis sueños de juventud, con veintidós años, me puse a estudiar una oposición que nunca jamás salió.

Llegó el año de la crisis. Y los políticos "congelaron" nuestro futuro. Parece ser que los trabajos estaban ya todos llenos. No había empleo para nosotros, repetían. Mentira social y popular que aún hoy se repite como un mantra verdadero por los ciudadanos. Curiosa forma de instaurar un dogma incuestionable y de establecer una "no verdad" que por lo que veo resulta, por alguna razón aceptada ciegamente por las personas. La generación del 71 y la de los 70, llamada en una época generación X, fuimos los primeros en crecer alentados por la idea de que el trabajo era escaso, y que habría que competir duramente, para conseguir uno; era un bien preciado, y lo de menos era si te hacía feliz, estaba acorde con tus dones, o era un abuso en horas y en bajo salario.

ALGUNAS BUENAS ESTRATEGIAS DE UN SISTEMA BIEN ENGRASADO GENERADOR DE FALSAS CREENCIAS:

- **La creencia en la escasez:** Igual hasta nos resulta cómoda, o nos hace sentir "en desafío", pero lo cierto es que es un hecho que, aun siendo falso, paraliza la creatividad de las personas y las hace sentir inútiles e inservibles. Más tarde entendería que una de las estrategias de este sistema para poder dirigirnos es la escasez del trabajo y el hacernos pelear por lograr, lo que viene a llamarse hoy "trabajo estable"… aun cuando lograrlo suponga a la vez nuestra salvación y nuestra mayor condena creativa. Ya que si el trabajo no está acorde a nuestras capacidades, dones e intereses personales, el resto de nuestros días de vida, se convierten en una repetición absurda del mismo día.

- Entramos a formar parte de un sistema estable-cido que apuesta por la inmovilidad corporativa e institucional y no por el avance y los cambios. Resulta sin embargo interesante, el que cuando el trabajo escasea, uno acepta con mucha más facilidad la "alienación" que suponen los hora-rios interminables y las condiciones tan contra natura y contra el corazón de éste.

- Me gustaría también señalar que en el mundo laboral está mal visto divertirse o que te sobre tiempo si por un casual eres eficiente y rápido.

Trabajo había y aun hoy sigue habiéndolo, si no… ¿cómo iba a avanzar el mundo?

Hay muchas cosas por hacer, descubrir e inventar. Pero sobre todo en aquella época y con el panorama imperante, lograron frenarnos a muchos y desmoralizarnos… A veces me pregunto ¿qué hubiera sucedido si en lugar de esto, nos hubieran dejado trabajar, y hacer…? ¿Quizá hubiéramos podido cambiar las cosas? Tal vez el mundo hoy sería diferente… Muy posible.

Bueno, en aquel momento nos lo impidieron; pero parece ser que en ello estamos ahora mismo.

Al fin y al cabo el cambio y la impermanencia, son la única constante inmutable del universo.

"La impermanencia es un principio de armonía.
Cuando no luchamos contra ella, estamos
en armonía con la realidad."
Pema Chödrön

La evolución podrá frenarse, ralentizarse, pero no puede impedirse eternamente. Los conservadores y defensores de lo establecido, muy a su pesar, siempre han estado condenados al fracaso. Saber esto al menos es alentador.

COMO SE TRANSITA EL CAMINO DESDE NIÑA ÍNDIGO Y SUPERDOTADA A ADULTA PERDIDA Y ASUSTADA

Sí, soy de 1971, pertenezco a lo que se ha llamado la generación X. Esos niños de los setenta y ochenta que crecieron bajo la premisa de que, si eras bueno y estudiabas, la vida te sonreiría. Para descubrir luego que en realidad no había "salida" para nosotros. Éramos muchos niños índigo, almas creativas venidas a cambiar las cosas, a elevar la consciencia y la vibración del planeta. Pero tras cortarnos las alas, la autoestima y la creatividad, nos vendieron un adoctrinamiento educativo, para darnos de bruces muchas veces con un mundo laboral que nos convertía en zombies en el mejor de los casos, o nos dejaba fuera, excluidos, en el peor.

Tras deambular por la vida sin encontrar un lugar, y teniendo un hijo pequeño, encontré el Tao y con él la alimentación energética. Por fin unos conocimientos ancestrales, profundos y completos, sobre la vida y los ciclos que comenzaron a aclararme un poco de qué iba esta realidad en la que me encontraba, tan aprisionada como perdida.

En ese momento de mi vida, comenzó un gran cambio, un proceso que aún continua. Pasé de un estado inconsciente y de enfermedad al lugar en el que me encuentro hoy. Por primera vez tengo claridad en mi vida, amor y no miedo. Y me encuentro bien incluso dentro de este "Matrix".

A raíz de los descubrimientos sobre la energía y la materia, los alimentos y el viaje de la vida, que incorporé a mi paradigma, comenzó una transformación y un proceso de sanación y de empoderamiento vital. A día de hoy soy conferencista, imparto cursos y talleres, así como consultas en varios países, y ayudo a otros a recuperar su poder. A rescatar su vida "real" de entre las cenizas de la película sin sabor ni color, a donde les ha llevado su ego, o bien su mente condicionada o bien las ideas que le inculcaron.

Me parece que gran parte de la humanidad hace tiempo que perdió el norte, y está sumida en una especie de "día de la marmota". Si no la habéis visto, es esa película en la que ocurre una y otra vez el mismo día hasta que el protagonista no despierte y cambie las cosas.

Estoy convencida de que el propósito de la consciencia y de la humanidad consiste en generar un planeta feliz.

La humanidad debe de ser una especie que evolucione a favor de la vida.

El principal problema es que se nos ha ocultado mucha información importante, información poderosa que puede darnos las claves para salvarnos. Y así, manteniéndonos inconscientes, ignorantes y "ciegos", nos asustan y nos dirigen hacia donde les conviene, manipulando masas.

La buena noticia es que basta con entender ciertas informaciones, basta conocer la verdad, para abrir mente y corazón y así caminar del miedo en que vivimos al Amor.

Con frecuencia en consulta hoy, veo que estamos repitiendo una y otra vez patrones de nuestros antepasados y memorias de un planeta donde no se conoce ninguna civilización, al menos en la historia "oficial y conocida" que haya logrado ser feliz. Sumergidos de lleno en la rueda del Karma, generamos con nuestra inconsciencia lo mismo de lo que luego nos lamentamos. Nos cruzamos de brazos, diciendo que no hay trabajo; nos repanchigamos en nuestros sofás de victimismo y distracción, mientras culpamos al sistema, a lo de fuera. Luego nos lamentamos de que las cosas no prosperan, de que hay escasez, o de que no podemos ser quien somos. En lugar de tomar el control de nuestra vida y nuestras creencias, poner en marcha nuestra creatividad, nuestra inteligencia y nuestras manos, y así empezar a Ser. Y a dar por el bien común lo mejor que tenemos.

Personalmente y, como rebelde que me reconozco desde la médula, estas son algunas de las cosas que hice:

- Me negué a aceptar que "fuera de mí" había algo contra lo que luchar.

- Comencé entonces a trabajar hacia mi interior, a crecer y a mejorar mi autoestima y determinación.

- Me negué a aceptar la "crisis" ni los lamentos.
- Dejé de culpar a lo del exterior de mis problemas.
- Tomé la responsabilidad de mi propia vida.
- Le eché una buena dosis de valor y confianza.
- Me puse a ofrecer lo único que tenía: mi experiencia como madre y cocinera, mis conocimientos de alimentación energética, así como mis capacidades docentes.

A partir de ahí, **construí yo misma mi autoempleo, mi lugar en el mundo.**

No ha sido una lección de vida suave. Había mucho que sanar, mucha autoestima malograda, muchas creencias limitantes. También un gran trabajo a realizar con mi inconsciente, mi transgeneracional y mi poder personal. Aunque este proceso es tema para otro libro, ya que aquí quiero compartir la mayor clave y más poderosa causa de mi poderoso cambio vital. La alimentación energética y consciente ha sido una herramienta poderosa en todo ello, diría que la tecla que lo inició y potenció absolutamente. Ya veréis cómo y porqué ha sido decisiva. No menos lo han sido los aprendizajes sobre el mundo energético, y lo que no es cómo me habían contado. Gran parte de lo que descubrí en esos años está explicado en este libro. Conceptos y paradigmas novedosos, que pueden llevarte también al punto de provocar un giro de 180 grados.

Para poder enfrascarme en mi propio crecimiento y terapia, así como desarrollar mi carrera como formadora en alimentación consciente hicieron falta muchas decisiones.

Algunas como mi divorcio, tuvieron que ver con patrones emocionales tóxicos que había heredado de mi infancia, unos patrones que al sanar mi autoestima y la energía de mis órganos, ya no estaban de acuerdo con mi vibración personal y hubo que tomar decisiones drásticas. Aun cuando todavía amase a mi marido y padre de mis hijos en aquel momento, comprendí que esa relación era un muro, que impedía mi evolución.

Traté de hacerle entender los verdaderos motivos de la ruptura y mi necesidad de encontrarme de nuevo. No lo logré.

Otro hecho fue salir del lugar donde vivíamos entonces, Mallorca, y venirme a Madrid.

Me vine sola, metiendo solo aquello que cabía en mi coche, ropa libros y dos gatos. Llegué un sábado a mi ciudad natal sin trabajo ni dinero. Sólo con algunos alumnos de mis cursos y una gran dosis de valor y de fe. Únicamente con la certeza de que seguía a mi corazón. Dejé a los niños con su padre con idea de encontrar una casa y trabajo, antes de traerlos. Ahí se inició un periodo de pisar un suelo de canicas, enfrentar numerosos desafíos, económicos, emocionales, laborales, personales.

En dos meses mi ex, envío a mis niños conmigo, ya que le era muy difícil cuidarles mientras trabajaba, y tuve que hacerle frente sola, a mi carrera profesional incipiente, mi falta de trabajo estable ni recursos, y la educación y estabilidad emocional de mis dos hijos, los cuales ya nunca se han separado de mí.

Divorciada, sola, sin trabajo ni futuro. Fue la capacidad de ponerme firme en el instante presente y confiar lo que me ha llevado adelante siempre. Así como también la consciencia y el amor, y la determinación de ser quien era.

Tuve que hacer muchas concesiones y ha sido un proceso de unos diez años, de duro trabajo personal, aunque maravilloso y amorosamente mágico a la vez. Vendí mi coche, el cual estuvo parado meses sin gasolina ni seguro. He aprendido muchas veces a reírme de estos avatares de lo cotidiano.

Enfrenté incluso otra dura ruptura emocional, la cual estuvo a punto de destruirme casi, del que se suponía era mi mejor amigo del colegio e iba a ayudarme.

Ahí aprendí que:

- Nadie puede salvarte: el salvarse a uno mismo es lo que forja al guerrero que después será capaz de conquistar lo imposible.

- Que son ni más ni menos las cicatrices de las heridas del alma, las que refuerzan la piel del Ser, y nos vuelven más poderosos y fuertes.

En el punto más bajo y doloroso llegué a verme sola, sin trabajo, apoyo ni dinero, y con dos niños que aún así creían en mí. Aprendí que no hay salvadores, y decidí salvarme yo misma. Pasé muchas noches sin encontrar mi lugar en el mundo y creyendo que yo simplemente era un error, una inadaptada y que estaba de más.

¿Quizá alguna vez también te hayas sentido así?

Asusta y da miedo verlo de esta manera. Sin embargo, en esos momentos aprendí a abrazarme a mí misma, a quererme, a afirmarme, a tratarme con amor y eso me ayudó a continuar adelante.

De manera que una vez más, investigué, arriesgué y seguí caminando.

Créeme que puedo decir hoy que cada paso del camino ha merecido la pena. Hoy cuando vienen a mi consulta personas que se sienten perdidas, las puedo comprender, porque exactamente no hace mucho yo misma he estado ahí. Y cuando las miro a los ojos y las digo que "se puede" salir, veo el brillo de que me creen en sus pupilas, y ellas ven en las mías la prueba y el reflejo de que ellos pueden también. Si yo pude superar y vencer todo eso, estoy convencida de que es posible.

Creo que independientemente de las circunstancias del mundo, el "poder" está dentro de cada uno, y no en algún lugar fuera. Una colmena funciona por la voluntad grupal e individual de cada integrante de colaborar con el grupo y vivir.

Hoy día aun muchos duermen, y siento que, mientras no despertemos y adquiramos mayor conocimiento, sólo podemos encontrar la paz que trae la distracción momentánea; distraernos de diversos modos… ver una buena película, disfrutar de unas vacaciones o de un retiro espiritual…, para después regresar de nuevo al mismo bucle de desconexión e infelicidad.

Disminuir nuestro nivel de energía, volver a no ser creativos, a disfrazar nuestra grandeza como si fuésemos alguien mediocre que no tiene nada que ofrecer, y ahí nos vamos muriendo poco a poco sin ser quien somos.

Como sociedad estamos "desafinados" realmente con el orden de la vida y con la verdadera plenitud de ser quien somos.

Y es un reto de cada uno de nosotros el extender esta luz y esta consciencia de que las cosas pueden ser mejores allí donde estemos, simplemente con el ejemplo. Con una sonrisa y con un… "mira como soy, y lo que hago", un ejemplo sencillo, honesto y amoroso. Ni siquiera hace falta adoctrinar a nadie, basta con la silenciosa presencia de un ser auténtico, coherente, y consciente, para cambiar la vibración entera de todo un grupo de trabajo o de gente.

Porque no nos han contado cómo funciona la energía dentro de nosotros, y cómo se acompasa con la naturaleza, para estar sano y con vitalidad. Tampoco en los colegios nos descubren lo especiales y únicos que somos. Nos impiden desarrollar nuestros dones, encajándonos a golpes en un molde burdo y simple. Un molde en el que realmente no encaja casi nadie. No nos explican la dimensión mágica de la realidad mental e inconsciente, la cual, cuando se trabaja con ella, y se reprograma, nos vuelve magos, creadores de nuestra realidad… y un sin fin de cosas más… que nos han dicho que no existen, o que son supersticiones, tapándonos nuestros ojos y dejándonos desconectados del orden del universo. Por todo eso empecé a escribir, porque tú y todo el mundo debería saber, que hay muchas cosas más allá, y luego valorar si te son útiles para ser más feliz o no.

En mi humilde opinión, para salir de esta rueda y cambiar las cosas, a mi parecer, solo hay cuatro premisas importantes y cruciales en la base:

- Enfrentar el miedo. ¿Cómo? Con valor y mucho amor. Hay que arriesgar y cambiar.

- Comprender el orden, volver a aprender cómo funciona la vida, tomar conciencia de lo que sí está ocurriendo hoy con nosotros en el planeta. Para retomar nuestro principal papel como especie integrante de un mundo precioso y retomar nuestro propósito principal.

- Abrirse al amor que llevamos dentro y que en realidad somos.

- Crear desde ahí cosas nuevas que sí tengan sentido y nos den felicidad.

Este libro es un resumen de los conceptos y verdades que entendí y aprendí en mi camino de despertar. Un camino que comienza en mi propio cuerpo físico sanando de múltiples procesos de enfermedad. Entre ellos: migrañas, colon irritable y el más doloroso y grave, síndrome de fatiga crónica y fibromialgia. Y termina sanando toda mi experiencia de vida, así como la de mis relaciones, mi familia y mis hijos.

Pues al sanar mi cuerpo físico, éste ha ido siendo capaz de atraer a mí más consciencia, hasta lograr descargar mi programa completo de vida y la conexión constante del Ser que soy. Mi ser único aquí y ahora. Todo ello permanecía aletargado por la enfermedad. Emborronado por el dolor y la falta de esperanza, y solamente esperaba el momento de mi despertar energético para comenzar a salir de nuevo a flote.

Es por tanto un resumen no riguroso pero si experimentado, vivido y sentido de macrobiótica, Tao, algunas conclusiones de "física cuántica", ecología, sostenibilidad, medicina china, y un largo etcétera. En definitiva, todos aquellos paradigmas reveladores que he ido encontrando y que son capaces de generar un estado de consciencia de un nivel más alto.

Solo espero que sea capaz de generarte dudas razonables y cuestionamientos suficientes hacia tus patrones y creencias habituales, como para que puedas realizar un salto evolutivo en tu vida. Y cambiarla a mejor.

En algunos momentos me referiré a libros donde se explican los experimentos de los que hablo, o vídeos en YouTube donde podéis cotejar y ampliar lo que os cuento. Trato de relacionar los datos con hechos capaces de ser útiles para transformar ideas, no de ser "científicamente" correcta.

De todas formas hoy hay mucho que cuestionar sobre lo que es y no es ciencia. Pues lo que hoy día se considera ciencia oficial, en cuanto arañas un poco, empiezas a encontrar, lagunas, inconsistencias y muchas veces intereses que no son exactamente acordes a la verdad del orden cósmico. Ese que estudiaban por ejemplo los taoístas, o los indios Hopi, los alquimistas o los sabios verdaderos de todos los tiempos y culturas. Esas leyes naturales que cuando las explicas, como veréis, resuenan con el poder del sentido común, y de la verdad en el corazón de las personas despiertas.

La casi totalidad de las cuestiones de macrobiótica de las que hablo han sido verificadas por mí y por mis alumnos durante más de doce años. Y llegan a nosotros procedentes del libro más antiguo de medicina que se ha conservado hasta nuestros días: el *Nei Ching, libro del emperador amarillo*, del año 2700 antes de Jesús. Recogido durante siglos de observación empírica de la naturaleza, las enfermedades y desequilibrios del cuerpo y sus curas.

El resto no necesita de verificación ni de fe, ya que, una vez estés sobre aviso, tú mismo podrás comprobar la exactitud de los procesos nombrados en tu día a día.

(Estoy harta de acertar con diagnósticos y de ver donde otros se pierden en el protocolo médico o en los simples datos).

Por alguna extraña razón tengo la capacidad de diagnosticar con una facilidad pasmosa el origen de los problemas de las personas, ni siquiera es algo que haya aprendido en mis cursos de macrobiótica, es más bien un don que traigo de forma intuitiva, pero muy práctica.

La intuición es algo más y muchas veces consiste en relacionar cosas, que aparentemente y a la luz de la fría lógica, no tienen nada que ver.

Todo lo que en este libro reflejo está escrito a la luz de la esperanza más infantil y realista a la vez, de vivir en un mundo mejor, como expongo en mi capítulo "Utopía" al final de este libro.

Históricamente se sabe que todo conocimiento científico tarda de cincuenta a cien años en llegar a la población y ser útil.

Es mi ilusión que esta sabiduría ancestral que se perdió en el tiempo vuelva a formar parte del conocimiento popular. Ya que, desgraciadamente, el leer un libro o buscar información como método de estudio hoy día ha caído en desuso y en su lugar la gente prefiere aprender nutrición e informarse mirando los anuncios de la tele y creerse lo que allí dicen.

Espero así aportar luz, claridad, datos y cuestiones que ayuden a modificar hábitos, que en unos años puedan marcar diferencias, y podamos ir hacia una realidad saludable, sostenible y amorosa para nosotros y para el planeta.

Hace diez años en los supermercados grandes apenas había un stand de cosas ecológicas, y hoy ya son dos pasillos. Por otro lado, hoy se vende aspartame junto con el azúcar blanco y la estevia. Hay demasiado ruido y demasiada cancha abierta a informaciones y productos no saludables, incluso perjudiciales. Espero que algún día la gente esté informada y no sea tan sencillo vender venenos en las tiendas. Hoy día, ya no hay casi zumos sin aspartame, y las bebidas cero llenan las tiendas de productos que consumen los obesos. Imagino que sin plantearse que quizá la otra mitad no obesa, no consume productos cero, y se encuentra delgada. No hace falta ser muy inteligente para preguntarse si quizá algo en lo "cero" no es del todo coherente con la delgadez. Como a su vez el exceso de sabor dulce entorpece el cerebro y atonta, en lugar de planteárselo se hacen adictos a ese dulzor mucho más fuerte, y continúan tomando algo que a todas luces no funciona y debería estar prohibido.

Nula consciencia en los fabricantes, a los que no preocupa estar perjudicando la salud de las personas que son sus clientes y nula cultura de salud de los consumidores que, en lugar de aprender cosas útiles para su vida, pasan su tiempo libre mirando programas vacíos, o anuncios ridículos. Así no tenemos tiempo de informarnos para tomar el poder de nuestra salud y nuestra vida.

Después cuando finalmente enfermamos, lo achacamos a la "mala suerte", y desprovistos de "conocimiento" y "poder" vamos al médico a ver "si hay suerte" y nos cura mientras perpetuamos nuestro victimismo y nuestro sufrimiento. Cuando se podría realmente haber evitado con simplemente haber estado informados.

Mil y una veces he tenido que morderme la lengua entre amigos para no amargarles su fiesta con productos cero, mientras respetaba su deseo de "seguir dormidos" y perjudicando su salud. La información, no obstante, está ahí al alcance de todos y el que lo desea se informa.

Cuando toda esta otra realidad llegó a mi vida me apasionó. Durante años estudié todo sobre alimentación y experimenté en mí misma, en mis familiares y con mis hijos, que todo ello era cierto y funcionaba.

Llegué a la conclusión de que la humanidad en otras épocas y países se alimentaba mucho mejor:

- En algunos lugares aún conservan muchos platos típicos y saludables que se pueden rescatar y añadir a la dieta. Platos que pueden cocinarse y para ello no es necesario acudir a ningún "ismo" (vegetarianismo, crudiveganismo, taoísmo…), si no simplemente desde donde se encuentra la sociedad hoy.

- Hemos de encontrar un lugar en nuestra despensa para el arroz integral, la cebada, la avena, cereales, verduras y semillas, etc., que son fuente de vida y de salud, sin tener que emigrar a vivir en el campo y convertirnos en un bicho raro.

- A mi parecer, es más cuestión, hasta que la consciencia de la salud y la nutrición se restablezcan, de aprender a convivir entre lo que hay ahora en los supermercados, con los brotes de alfalfa, el brócoli al vapor o el potaje de avena en grano. Y al menos darlos a conocer, sin excluir lo otro de entrada, sino abriendo camino a lo auténtico de una forma suave.

- Sin ruido ni guerra, cuanto más tolerante mejor entra lo nuevo. Y luego ir entendiendo el porqué.

- Pues creo que solo integrando y sumando y no separando o restando, podremos incluir todo y avanzar juntos hacia el cambio. Basta de separación y de sueños imposibles, partamos desde hoy y comencemos a caminar con pequeños pero seguros e informados pasos.

Creo que no se trata ya de ser alternativos, sino de que lo "alternativo" se vuelva cotidiano y accesible al resto. De mezclarnos desde la igualdad y contagiar con amor y magia a otros.

CAPÍTULO 2
¿SOMOS MATERIA O ENERGÍA?
LA UNIÓN DE LOS OPUESTOS

Había una vez un mundo material y espiritual, donde vivían unos seres que solamente percibían una parte de la realidad con sus sentidos. La parte física. En un principio su conexión con la naturaleza y con la vida les hacía mantenerse en un perfecto equilibrio, no obstante, al cabo de un tiempo de progreso y aceleración de la vida, fueron desconectándose de todo esto. Con el tiempo y sólo en base a lo que veían con sus ojos, tocaban con sus manos, olían con sus narices y degustaban con sus bocas, terminaron por enfocarse en esta parte de la vida, y se olvidaron de la otra mitad. Dejaron de tener en cuenta los sueños, la intuición, los sentimientos e inspiraciones incluso…

Con este paradigma materialista de la realidad, crearon una sociedad enfocada en cosas, productos, objetivos, beneficios, recursos y construcciones, muchas veces innecesarias.

Olvidándose del amor, del sentido de su existencia, de todo lo inexplicable, de las energías sutiles que hablaban del otro lado, se olvidaron tanto del alma de las cosas y del espíritu de todo lo que les rodeaba, que terminaron por dejar de creer, ver y sentir su propio alma y espíritu. Dentro de ellos.

Creían y llamaban "real" lo que veían y tocaban. Con este patrón de la vida incompleto y cojo, crearon una sociedad enferma que comenzó a decaer fuertemente en un punto, y cuya expansión empezó a salirse del orden del planeta y a morir lentamente. A nivel profundo e intimo para muchos de sus integrantes, empezó también a dejar de tener sentido.

Con todo ello, como la "existencia" es puro equilibrio se inició una lenta aunque progresiva y poderosa revolución que propugnaba lo contrario. "Todo es energía", decían y promulgaban los valores espirituales del alma y del ser por encima de todo. Eran personas con grandes ideales, sensibles a la vibración de las cosas y que creían y veían el "espíritu" en todo, y vivían con un propósito profundo sus vidas.

El principal problema era que este paradigma de la realidad era diferente, y venía a compensar de algún modo el desequilibrio materialista anterior, pero era igualmente desequilibrado y cojo.

A la vez ambos patrones estaban tan lejos en la concepción de lo real el uno del otro que no podían interactuar ni cooperar. (Era como un sordo tratando de hablar por señas con un ciego.) La comunicación y la colaboración entre ambos era imposible.

De esta forma cada uno creó una manera de vivir en el mundo separada, unos vivían en su patrón materialista, para llegar un día a sentirse vacíos de significado y amor. Se deprimían y empezaban a buscar algo más, algo que habían perdido en su camino.

Los otros vivían apartados del mundo, y con su "espiritualidad" desprovista de base material para actuar, se daban de bruces con lo establecido, sintiendo que no podían cambiar nada, ni actuar realmente. En el fondo se sentían igualmente frustrados e inútiles, ya que al no poder afectar a lo físico, sus creencias no se manifestaban en la sociedad, o el cambio iba muy lento. Mientras en el mundo continuaba la destrucción y el despropósito contra el espíritu del planeta, de la vida y de la felicidad humana. Iban despertando a otros, que igualmente se quedaban desconectados y perdidos, en lugar de poder llevar esa visión energética y espiritual a sus vidas, y con ello equilibrarse con los de la otra parte, y conjuntamente, con los dos pies, y no cojos, crear un nuevo paradigma.

¿QUÉ APRENDÍ DE LA MACROBIÓTICA, DEL TAO, DE GREGG BRADEN, DE NASSIM HARAMEIN, Y DE MIS ESTUDIOS DE CIENCIAS FÍSICAS?

La realidad es Materia y Energía. En continua vibración e intercambio. Pero además hay una parte de consciencia y espíritu, es como un aroma que se desprende y que lo integra todo y le da cohesión, coherencia y significado.

La materia es energía en estado más denso, que se ha solidificado y está mostrando una cierta estabilidad aparente. La materia está continuamente desapareciendo, en tiempos imperceptibles para nuestros ojos, desaparece para acudir a su forma energética de onda, y así informar al vacío.

Recomiendo ver el vídeo de Nassim Haramein. "La estructura del vacío". O mi explicación del mismo en mi web en el siguiente link:

www.dianalopeziriarte.com/recursos/estructura-del-vacio

Con lo que hay una interacción constante entre ambas cosas. Y esta información al vacío energética "actualiza" la consciencia y crea nuevos potenciales para nuevas realidades posibles continuamente.

Todo no es espíritu ni tampoco lo único que existe es la materia, como antes se creía. Si no que en esta existencia en la que estamos, hay una dualidad entre ambas cosas, desde la cual se crea todo. Yin y yang, energía y materia, cuerpo y alma.

¿Por qué explico esto?

A lo largo de mi andanza por el mundo espiritual he integrado y desintegrado muchos conceptos:

- Conceptos materialistas a veces, sobre cosas que creía eran estables y eran sólo patrones comunes falsos.

- Descubrí conceptos revolucionarios sobre cómo el impacto de tus emociones en el organismo puede alterar en un instante hasta el ph de tu sangre. (Independientemente de lo que comes).

- Pero también, como el PH de tu sangre, actúa sobre tu "consciencia" haciéndote más capaz de "canalizar", sentimientos, emociones y pensamientos agradables y felices.

¿QUÉ SUCEDE ENTONCES: LA MATERIA AFECTA AL ESPÍRITU O AL REVÉS?

A mi entender estamos ante lo que llamo una "jerarquía enmarañada", en la cual, la una afecta a la otra y son inseparables, y desde ahí enfoco todo lo que hago en mis consultas en mis charlas y mis terapias. **Actuar de manera integral, considerando el cuerpo y el alma como dos alas para vivir y volar.**

Una variación energética, actuando sobre un meridiano de pulmón, puede hacer a la persona drenar una tristeza, y eso puede cambiar el cuerpo físico. Pero la materia, en su densidad, también afecta y modela a la energía. Ya que cuando, por ejemplo, consumimos alimentos que saturan el hígado, observamos que la persona está más tensa y de peor humor. Tomando alimentos que relajan el hígado, yo misma he notado muchas veces como estaba más alegre y flexible.

El cuerpo actúa muchas veces como un freno necesario a los repentinos cambios. Una especie de efecto "ralentizador", para darnos tiempo a adaptarnos a las nuevas condiciones, pensamientos y emociones. Todo tiene un papel y un propósito.

Así mismo, el cuerpo sirve como recipiente de emociones, creencias y patrones, fuertemente ancladas en nuestro inconsciente. **De hecho el cuerpo es la parte donde mejor se refleja a menudo el inconsciente de las personas.**

He visto muchas veces a los órganos bloqueados y adictos a emociones, frenar los intentos "energéticos de la mente positiva" de cambiar a las personas y "crear realidades". Por ello, en mi opinión, las transformaciones vitales y los cambios funcionan mucho mejor si actuamos desde ambos frentes. Es decir, si caminamos con ambos pies, si tenemos en cuenta la energía, el espíritu y la materia. Si nutrimos a la vez el alma y el cuerpo con lo mejor de las dos opciones existentes y además lo hacemos a la vez. Al menos eso fue lo que me funcionó a mí, y a las personas que he tratado en estos diez años, desde que comencé.

Es cierto que las vibraciones, como los pensamientos y sentimientos, son mucho más rápidos en actuar, ya que su estado es menos denso. Así las emociones y pensamientos positivos tienen un alto poder para curar nuestros cuerpos.

En un nivel de consciencia, es cierto que los chamanes eligen una planta sin propiedades aparentes y le dicen lo que quieren que cure en su cuerpo, y la planta, actúa. Actúa, primero porque nuestra mente inconsciente es poderosa, de manera, que igual que el cuerpo generó por si sólo el desorden o la enfermedad, al creerse en presencia de una medicina, lo deshace solo. Y también porque realmente podemos afectar la materia y el mundo material con nuestra intención, como demuestra el experimento de la doble rendija, el cual explico más adelante.

Lo que ocurre, es que es necesario una fuerte convicción, y poder personal, así como conocimientos. Para vencer años de creer en un paradigma materialista, que nos ha orientado en que la materia era fija e inmutable y que no podemos interactuar en ella.

Es evidente, que personas iniciadas y sabias, con alto nivel de conocimiento, vibración y coherencia, son capaces de lograr increíbles cambios y crear la realidad a su antojo. Este es el conocido "camino del mago" o "de la magia", que siguieron Buda y Jesucristo, entre otros.

Pero no siempre es el camino más sencillo y corto para las personas comunes.

A la mayoría de las personas cuando comen un producto "venenoso" y poco saludable, a menudo, aún sin saberlo, termina por afectarles a la salud y enferman. Esto es así y lo llevo comprobando en mis diez años de consultas.

Muchas de las personas que quieren cambiar su realidad necesitan un periodo de limpieza de creencias y emociones pasadas, una etapa de transición, y un asentamiento del nuevo paradigma, antes de poder empezar a transformarse en magos y empezar a crear su realidad y a vivir desde el ser.

Por ello, un acercamiento holístico que considere la parte física, a la vez que un cambio de creencias, me parece lo más ideal, así como un aumento del conocimiento y la consciencia, resultan poderosamente efectivos y transformadores.

Como he podido verificar yo misma y con cientos de personas a las que he ayudado a cambiar.

En mi experiencia, sólo cuando uní cuerpo y alma, sentimientos y mente, mi vida se volvió plena, equilibrada y realmente creativa.

Por ello he escrito este libro, existen muchos libros sobre comida y alimentos sanos, que sólo tienen en cuenta, aun cuando sean de alimentación energética, el aspecto material de los alimentos, en última instancia. Pues parece que sólo comiendo de determinada manera, uno puede ser sano y feliz. En realidad, tan importante es la alimentación física como la emocional y mental a la hora de estar sano y feliz.

Lo que sí es cierto es que todo cambio espiritual o energético necesita estar apoyado sobre una base de un cuerpo físico equilibrado, y saludable.

Por lo cual, para mí, la verdadera espiritualidad empieza en un alma que se materializa en un cuerpo lleno de vitalidad, y este cuerpo lleno de vitalidad es capaz, de generar una experiencia espiritual de vida plena y feliz.

Tan importante es para mí conocerse internamente como amar y respetar tu cuerpo.

Para mí son las dos partes con las que crear la realidad, igual de importantes ambas, y ninguna de ellas imprescindible por sí sola.

El alma baja a este planeta y se materializa, formándose un cuerpo en el útero, y al nacer, ese cuerpo material realiza un propósito de vida, y tiene una experiencia espiritual única:

Todos somos únicos e irrepetibles.

Después este cuerpo físico crece en consciencia y se prepara para dejar de nuevo la vida material y regresar al mundo de la vibración. Que es lo que llamamos muerte.

Entonces si no tenemos en cuenta esta naturaleza doble de la vida:

- Si vivimos la vida desde una concepción sólo material, al morir, no podremos concebir la realidad espiritual y vibracional de ese otro estado de la existencia, no estaremos preparados para pasar a formar parte de algo, que para nosotros no ha existido nunca, entonces el alma se quedará apegada a lo material y no despegará, convirtiéndose en un "fantasma" o una energía densa incorpórea.

- Si estamos solamente contemplando la parte espiritual durante toda nuestra vida, no seremos capaces de realizar una vida material plena, de integrarnos en el planeta. Al desestimar la parte material de nuestro ser, nunca disfrutaremos plenamente de lo que decidimos venir a hacer aquí. Si este bello planeta tierra, es una plataforma de la consciencia para experimentar, nos perderemos parte del aprendizaje material y el disfrute del cuerpo físico y tampoco evolucionaremos como alma.

- Véase la capacidad de disfrutar del sol, del mar, del agua y del viento, de los animales en su estado salvaje.

- Vivir la vida de forma mental o sólo "espiritual" nos desconecta del cuerpo y nos perdemos gran parte de la experiencia que como alma vinimos a disfrutar al estar encarnados. Por eso para mí la verdadera espiritualidad tiene su base en recuperar el cuerpo físico y su agradable estado de bienestar, que se puede percibir cuando estás sano.

- Una de las cosas que noté cuando me sané y empecé a alimentarme equilibradamente, es que con solo parar la mente y sentir, era capaz de percibir las vibraciones más sutiles, y disfrutar de niveles increíbles de placer físico y mental, por el simple flujo natural de las energías dentro del organismo. Todo un mundo de sensaciones sutiles el cual en mi estado anterior de rigidez y mentalismo ni siquiera notaba.

De modo que para mí, integrar cuerpo y alma, vivir una vida plena en sentido material y espiritual, pertenecer al planeta y colaborar con él, así como prepararme para regresar a mi origen cuando llegue el momento constituyen mi prioridad en la vida, y desde ahí es que la vivo, día a día.

CAPÍTULO 3
¿PUEDE ALGO TAN SIMPLE COMO LA COMIDA AFECTAR A MIS PENSAMIENTOS?

En realidad somos poco o nada conscientes de que a lo largo de nuestra vida, la interacción más íntima que tenemos con otro ser es al comer.

¿Qué ocurre durante el proceso de alimentarnos? ¿Qué papel tiene el ADN de nuestra comida en el nivel de consciencia planetario?

Al alimentarnos, aquello que ingerimos es asimilado por nuestros órganos y pasa a formar parte de nosotros para siempre.

Nuestro cuerpo, al contrario de lo que nos ha hecho creer la ciencia hasta hoy, no es una máquina que únicamente descompone el alimento en carbohidratos, proteínas, lípidos y vitaminas, como se hace en los laboratorios al analizar la comida, sino que hay estudios que apuntan a que de alguna forma también absorbe la "energía", la "información" y la luz, que estos contienen.

Explicaré más detenidamente que quiero decir con el término "luz" e "información".

Una semilla de almendra, por ejemplo, no es simplemente un pedazo de materia que se descompone en grasas, hidratos de carbono, azúcares, minerales y vitaminas.

Bueno, a un nivel de consciencia muy simple, podría ser sólo esto, especialmente si la diseccionamos en un laboratorio para analizarla. Solo hay un problema. Cuando la analizamos, ha dejado de ser lo que era. Es decir ya no tiene vida. Nunca será nada más que eso, un conjunto desordenado de hidratos de carbono y sustancias muertas en un laboratorio. Pero estaremos de acuerdo que, en otro nivel de consciencia, la almendra si miramos más allá de la simple materia, es mucho más que eso. De hecho es, en sí misma, un bosque de almendros repleto de otras almendras. Y esa es la parte que toda la nutrición convencional, basada en calorías, y sustancias inertes, ignora.

Una semilla es una "entidad", con un ADN que contiene un "programa" completo, un potencial biológico que al interactuar con la tierra y la luz de este planeta desarrollará todo un proceso vital. Una información codificada para desarrollar una vida, que va desde un pequeño brote verde, hasta un gran árbol que dará millones de almendras. Este misterioso ADN, y la "energía vital", para desarrollar este "plan" son una serie de cadenas entrelazadas que contienen una "información" o "luz", para desarrollar una serie de sucesos, que aquí llamamos vida, y lo único que necesita este "programa" para desarrollarse es agua, sol y la interacción energética con el planeta a través del tiempo. Durante ese proceso, se expandirá en múltiples vidas, que alimentarán a su vez otros seres, como parte de un todo, coordinado y perfecto. Sincronizado.

Este ADN ha evolucionado en nuestro planeta, desde la simple célula marina, de la que surgió la vida, hasta nuestros días, con nuestro cerebro como resultado hasta el momento, portador de la consciencia humana y planetaria. Pasando por millones de formas de vida, plantas, animales y frutos diferentes. Digo yo, que debería tener algún propósito, y debería servir para algo tenerlo en cuenta… ¿no crees?

Ahora imaginaos por un momento que nuestro cuerpo no disecciona esta almendra para utilizar los elementos separados que contiene, solamente, como hacemos en el laboratorio, sino que además, es capaz de reconocer la información vital que el elemento contiene, y de asimilar parte de su significado, incluyéndolo, en su propio programa de vida. Imaginemos que nuestro cuerpo es capaz de reconocer esta "energía vital" contenida por la almendra, y estos "programas de vida", y con ellos integrarse en el "suyo propio".

¿Qué diferencia habría entonces entre comer almendra o harina, molida de ella?

Hay una diferencia sustancial entre el grano de almendra y la harina procesada, y es la cantidad de "orden" que contienen.

Entendiendo "orden" como información organizada capaz de producir sucesos y más vida. La almendra es un todo ordenado, con un sentido y un propósito, la harina no tiene propósito, es sólo desorden y caos.

Podríamos pensar que no afecta ya que igualmente masticamos los granos, sin embargo la masticación continúa siendo un proceso natural y no artificial, como sí lo son el molido y otros tratamientos industriales a los que sometemos la comida.

Sin embargo hay estudios que apuntan a que la alimentación con semillas difiere mucho de la hecha con harina, en cuanto al tipo de pensamiento que promueve.

Por ejemplo, comparando el modo de pensar de sociedades cuya base alimenticia es el grano entero y no el pan en el planeta. Después hablaremos de ello.

La mayoría de los alimentos naturales como cereales, frutos secos, verduras y semillas, se está demostrando que contienen grandes propiedades para restablecer la salud. Todos ellos en su forma de semilla, en la cual contienen aún su plan de vida original.

Mientras que las galletas con harinas y extracto de los mismos, no contienen esas propiedades.

Aprovecho para recordar que si echamos una semilla a la tierra, saldrá una planta, llena de otras semillas, mientras que en la harina esa "información" se ha perdido.

Desde la concepción materialista de la realidad, debería ser lo mismo; desde el nuevo paradigma energético, existe una gran diferencia. La almendra entera cuando la meto en la boca es aún un todo con significado y programa; la galleta de harina no tiene nada. Si la pongo en la tierra, no generará vida.

Todo depende de que creamos que sólo somos materia, o que somos también energía y consciencia evolucionando a través de la interacción con la materia.

Puestos de acuerdo en aceptar lo segundo podemos seguir viendo otros conceptos de salud y alimentación que nos correlacionarán con nuestro medio ambiente de manera interesante.

PAPEL MEDIOAMBIENTAL EN NUESTRA ALIMENTACIÓN COMO SERES DE UN ECOSISTEMA

Quiero recordarte algo que ya sabes, pero que a las luces del panorama alimenticio actual parece ser que hemos olvidado.

El cuerpo es un organismo vivo, que habita en un ecosistema y se relaciona con él a través de los sentidos.

Cada animal crece en su hábitat y se relaciona con el medio ambiente alimentándose de los productos que este hábitat genera de manera natural, en cada una de las estaciones. De esta forma, los organismos, animales, ecosistemas y plantas, mantienen su equilibrio y la vida en el planeta es próspera y abundante. Por ejemplo, en el invierno la naturaleza da alimentos más concentrados, con más sales y grasas que refuerzan y nutren la inmunidad y el cuerpo, mientras que en primavera y verano se producen alimentos más dulces y acuosos que refrescan. (La cocina energética y curativa pretende adaptarse a estas premisas y generar estos efectos con sus métodos culinarios, y con la elección de los ingredientes. Con todo ello logra restablecer el equilibrio energético, la conexión con el todo, y la salud.)

Si nos fijamos en **el mundo animal,** en el cual, dicho sea de paso, **no hay suicidios, ni criminalidad, ni enfermedades...**

1. Los animales se encuentran en equilibrio cuando asimilan estos nutrientes de cada estación, ya que su cuerpo automáticamente se adapta al clima circundante. Es un fenómeno perfecto.

2. El ser humano, no lo hace así, produce alimentos en masa de otras zonas del planeta o de fuera de temporada, usando agua que no debería, o transporta cestas de frutas y de verduras de unas zonas a otras lejanas del planeta, con climas opuestos, y luego los consume. Por un lado malgasta petróleo y recursos de manera innecesaria, y por otro desaprovecha a menudo los recursos naturales de la zona en la que está, dejándolos pudrirse o usándolos en producciones inútiles para el plan de la vida.

Por todo ello somos los únicos que nos desequilibramos con el medio ambiente, y enfermamos.

Tras años de evolución y de experiencia del ADN, en el planeta generando organismos vivos y ecosistemas, se llega a una especie como la nuestra, con cerebro y autoconsciencia propia.

¿Cómo podría afectar en nuestra mente todo esto?

- Tenemos un sistema nervioso central que nos conecta con la información estelar del universo, a través del mundo de las vibraciones, y un cuerpo que se integra con el planeta a través del intestino, absorbiendo el medio ambiente y unificándose con él. En el punto central y equilibrado de estos dos procesos o fuerzas, se encuentra a mi parecer la verdadera felicidad del ser humano en este mundo, llamado Tierra.

- Como organismo evolucionado que somos, con el sistema nervioso captamos las vibraciones, color, movimiento, sentimientos, pensamientos, todo ello denominado energía sutil, que afecta a nuestra parte física haciendo al cuerpo, por ejemplo, generar hormonas y provocar sensaciones y reacciones.

- Así mismo, a través del intestino y de la alimentación nos comunicamos con la tierra, y nuestro lugar en el "orden" universal y evolutivo en este planeta. Y según esté la alimentación de alineada con la vida, serán nuestras emociones, pensamientos y sentimientos, coherentes o no, con nuestra vida y nuestra salud o no. Es una jerarquía enmarañada en la que lo uno afecta a lo otro y viceversa.

En mi experiencia estos años he deducido que no se puede comer bien y ser infeliz, ni ser infeliz y pretender comer bien. Ambos lados son la cara y la cruz de una moneda, en la que en el centro estamos nosotros, con nuestra experiencia vital y todo nuestro ser. Se puede llegar a un equilibrio en el que emoción y cuerpo físico sean nutritivos ambos. Pero si perdemos del todo el norte y nuestra alimentación se vuelve mayoritariamente tóxica, como ocurre en muchos casos hoy en día, es cierto que nuestro cuerpo enfermará y perderemos poco a poco la capacidad de ser felices. Dejaremos de ser nosotros mismos.

Al igual que los demás seres vivos del planeta, nos encontraríamos sanos y en equilibrio si nos alimentáramos conforme al entorno que nos rodea y con los alimentos que corresponden a su especie. Al menos en un porcentaje importante. También es cierto que cuando una persona es feliz, el cuerpo tiene una gran facilidad de limpiarse y sobrevivir a muchas toxinas.

No obstante cuando la propia sociedad es infeliz y tóxica, resulta muy poderoso cambiar la alimentación, volverse saludable y más consciente, y desde ahí empezar un potente cambio. Alinearse con el planeta genera un punto de inflexión importante. Recuperar la energía y el cuerpo físico, atrae un cambio en la consciencia que resulta muy transformador, como punto de comienzo.

¿Qué ocurre si el lugar de alimentarnos con aquello que la tierra ha puesto ahí para nosotros lo manipulamos y procesamos hasta reducir su información a nada?

Por ejemplo, un grano de arroz tiene unos porcentajes de carbohidratos, lípidos y prótidos, pero si este grano es pelado, molido y mezclado hasta convertirlo en harina:

- Tendrá los mismos componentes, pero ya no contendrá la información para hacer crecer una planta nueva, con lo que vemos que el "programa" que contenía o el plan de vida que había allí, se perdió en el camino.

- Pues si ese grano lo pongo en la tierra, dará lugar a una planta, a una nueva vida, mientras que si la harina la pongo en la tierra, después de moler el grano, estamos de acuerdo en que no crecerá vida alguna.

La energía vital contenida en ese grano se ha perdido, y de la harina no nace vida; se ha interrumpido el ciclo.

Al moler algo que era entero y completo, lo hemos reducido a un montón de partículas, desordenadas y sin sentido, con la misma composición de cara a la química del laboratorio, pero sin vida ni continuidad. **El ciclo de la prosperidad y abundancia se ha interrumpido aquí.**

Hoy día, a diferencia con nuestros antepasados de Sumeria, Grecia y Roma, primeras civilizaciones cultas y prósperas, no tomamos cereal en grano apenas, sino solamente conservamos el pan, que es su forma en harina muerta.

En algunas zonas se mantiene el arroz, y en otras como sudamérica la quinoa o el maíz, pero en Europa está ausente el grano casi siempre.

¿Cómo llegamos aquí? Pues, en un principio, pareció una buena idea moler los granos al inventar el molino. Ya que numerosas cosechas se perdían porque cuando entraban en contacto con la humedad, germinaban, y se convertían en plantas, con lo que, o se plantaban o se perdían, pero ya no servían como alimento. Al moler las semillas, no germinan, y duran más tiempo. Fue un simple acto de alargar su duración en el tiempo y facilitar su almacenaje, lo que termino por convertirse en la pérdida del significado de los granos, con todo su mensaje y su energía. Aun así se consumía lo de ese año en gran parte en forma de granos en guisos.

Pero de ahí al punto de que hoy día, no se encuentra ningún grano en su forma original; todo es blanco, sin vida, o molido, y no se encuentran platos con cereales, solo en pan, y galletas, y tostadas, en múltiples formas.

Estamos alimentándonos de un alimento que carece de la capacidad de dar vida porque la información ordenada y la energía vital se perdieron en el proceso de manipularla y molerla.

- ¿Y si resultara que nuestras células y nuestro cuerpo necesitaran sobre todo esa energía e información y no solo glucosa y lípidos como se creía?

- ¿Y si comer algo ordenado y organizado genera orden, y comer algo molido en mil pedazos genera caos?

- La cuestión que me hice fue:

- ¿Podríamos quizá relacionar el caos imperante en nuestra sociedad de hoy con algo de esto...?

En mi experiencia así fue; comer cereales integrales en grano me organizó la energía, la vida y la mente...y me volví una persona mucho más eficiente, centrada y armoniosa que cuando me alimentaba de la forma anterior.

En cada proceso que añadimos la "energía" y el "significado" se pierde un poco más. Y el desorden energético y de la "des-información" aumenta.

Por otro lado, no es lo mismo la información de una harina, que son un montón de desordenados pedazos, mezclados.

Residuos de algo que en su día fue un ser completo. Que un grano, **cada grano es una unidad de vida inteligente, que en sí misma contiene la sabiduría, el programa para un ciclo de vida completo**, con un lugar en el orden universal que conduce a la vida.

Sin embargo, la harina es puro desorden y sin sentido, no contiene ningún programa, ningún proyecto, es algo fragmentado, roto, separado del todo.

El grano de arroz es a la vez fruto y semilla, es un ciclo de vida completo, con un sentido, principio y final de un ciclo completo en sí mismo.

Curioso que en las culturas taoístas, o orientales, cuyo alimento principal es el grano, contemplan la vida como un ciclo completo y tienen una visión holística completa de la misma; sin embargo, nosotros en occidente tenemos una visión de todo fragmentada, analítica. Descomponemos todo en sus partes, creyendo que la suma de las partes da lugar a lo mismo que el organismo completo. Pero no es así.

Sin ir más lejos, la medicina tradicional china tiene en cuenta los órganos como un ente completo, donde todo se relaciona con todo, nosotros no, el del riñón estudia el riñón aislado, y ni siquiera se pregunta por qué el riñón termina por afectar al corazón, y el del pulmón, solo estudia el pulmón, como si de algo aislado del resto se tratara; nada más lejos de la realidad de la tierra, donde todo, absolutamente todo, depende de todo lo demás.

Interesantes estudios de física reciente han demostrado que todo está, de hecho, conectado con todo y respondiendo continuamente al patrón común.

Nosotros somos analíticos y nos creemos aislados y separados del resto. Curioso, como la harina en fragmentos de granos que comemos, tendemos a separar en pedazos para analizar el conjunto.

Mirando cada árbol por separado, parece que hemos perdido de vista el bosque de la realidad. En definitiva, algunas de las cosas que he observado en mis años de experiencia:

- Las personas que empiezan a comer más cereal y más granos, semillas, y alimentos con sentido, empiezan a desarrollar un sistema de pensamiento, más global, mas analógico, más creativo, mucho más del hemisferio derecho.

- Mientras que los carnívoros y los que comen a partir de pan y harinas, funcionan prácticamente con únicamente el hemisferio izquierdo, el cual trabaja sólo con datos, fracciones y parcelas aisladas.

De hecho, así dice Roy Little Sun cuando habla de que el cereal equilibra el cerebro, nos conecta con la creación, y con el infinito. ¿Quizá también con lo que se ha venido llamando nuestro "dios" interior?

No hay ningún estudio en laboratorio que se haya realizado hasta el momento para verificar esto; no obstante basta observar el funcionamiento de varias sociedades primitivas que aún existen con esta dieta, y el nuestro. Para tener profundas sospechas de que puede haber bastante de verdad en estas exposiciones.

A menudo pienso que sería interesante hacer un experimento con varios niños, y alimentar a la mitad de harinas y carne, y a la otra mitad con semillas, cereales, frutos secos y verduras desde muy pequeños, y ver u observar simplemente como se desarrollan sus hemisferios y sus formas de pensar. Bien pudiera suceder que unos desarrollasen el hemisferio derecho más equilibrado y los otros, funcionasen, más como el izquierdo. (Más adelante en el capítulo de este libro sobre mis hijos contaré lo que observé en ellos al alimentarles de esta forma diferente a cómo comían sus compañeros de colegio.) No es un estudio científico, pero si la atenta observación de una madre en mutación, como me llamaba a mí misma en aquel momento.

HEMISFERIOS CEREBRALES Y SUS DIFERENCIAS

La característica esencial del hemisferio izquierdo, dicho sea de paso, es que es mucho más sencillo de "programar" ya que es muy predecible. Funciona con lógica parecida a la de los ordenadores, dos secuencias de pensamientos ciertos generan una verdad o dogma, que no se cuestiona si la secuencia es lógica aún cuando el resultado sea un despropósito.

Para ver los fallos de la secuencia lógica véase el siguiente ejemplo:

Es raro encontrar un caballo barato. ——> Un caballo barato es raro.

Todo lo raro es caro. ——> Por lo tanto: Un caballo barato es caro.

Vemos que esto último es un despropósito, pero esto lo vemos cuando añadimos el significado; esta función es del hemisferio derecho, pero el izquierdo, por sí sólo, únicamente seguiría la lógica, dando por ciertas las tres frases.

El hemisferio izquierdo sin el derecho, es así, no ve nada de forma global, solo fraccionada. Por suerte aún hoy día usamos mínimamente el derecho, para darnos cuenta, pero no lo suficiente, como para tener una visión mucho más global de la realidad, cosa que sería muy positiva en estos tiempos que corren.

El izquierdo funciona con lógica, es secuencial y cartesiano; en él no existe la creatividad, su fuerte no es el unir dos cosas diferentes en una nueva, no es creativo. Eso sí, resulta muy útil si se desea programar a alguien y que funcione de forma predecible, tal cual programaríamos a un ordenador, diciéndole cómo y qué tiene que pensar.

La característica del hemisferio derecho es ver las cosas de forma global y analógica; funciona relacionando conceptos similares; es creativo y sensible, y dota de significado a los datos. Actúa en presente y asocia por similitudes.

Juntos ambos hemisferios nos dotan de capacidad de pensar, que es algo bien distinto a repetir como loros datos que hemos oído de otros.

Existe un documental llamado: *Realidad e ilusión* en Youtube, que os recomiendo que veáis, al respecto. La forma de pensar del mundo "civilizado" se mueve con estos criterios, mientras que poblaciones como los indios Hopi, los hunza, o los orientales en su zona rural, son mucho más analógicos y creativos y, en concreto, sociedades adaptadas al planeta y muy sostenibles, felices y saludables. Todos ellos curiosamente se alimentan predominantemente de semillas y frutos enteros y no de harinas.

En mi experiencia como madre, mis hijos tienen mejor equilibrio de hemisferios cerebrales, mucha más creatividad, espontaneidad y capacidad para englobar y comprender conceptos que la mayoría de sus compañeros alimentados de pan. Yo misma recuperé la creatividad a límites antes insospechados cuando cambié mi alimentación. Siempre he sido una persona altamente creativa, pero he de reconocer que debido a mi dieta, me había vuelto mucho menos expresiva, más crítica. Al cambiar mi alimentación, mi cerebro comenzó de nuevo a ser funcional, creativo y analógico.

¿Merecería entonces la pena comenzar a incluir alimentos como frutos secos y semillas completos en la dieta habitual de las personas?

¿En lugar de sólo comer pan, galletas, cereales procesados y otros productos industriales y ver si en unos cincuenta años la sociedad ha cambiado de dirección?

Si estás leyendo este libro, y deseas un cambio en tu vida, y en la de los que te rodean, haz tuyo el poder de la alquimia de las ollas e incluye alguno de los platos que expongo al final de este libro.

Es una de las cosas que te propongo: incluye en tu vida arroz integral, avena en copos y en grano, algunos frutos secos y semillas, a menudo… y en unos meses descubre por ti mismo cómo han cambiado tus secuencias mentales. No te pido que lo creas, ni siquiera que dejes de comer galletas o carne, sólo incluye un porcentaje de estos alimentos a diario, y comprueba cómo la vida y el cambio espiritual se abren mágicamente camino. Luego, si lo deseas, envíame un email y me lo cuentas. Incluiré tu testimonio en mis blogs y redes.

Así ayudaremos a crear más consciencia y a cambiar la vida de muchas más personas.

Es simplemente un desafío, empezar a incluir estos alimentos a menudo, al menos tres o cuatro días por semana cereales integrales en grano, y legumbres, y luego semillas y frutos secos a diario, aún en pequeñas cantidades. Aumentar las verduras para que el intestino se limpie.

En pocas semanas estarás siendo más positivo y creativo y planteándote nuevas expectativas de superación en tu vida. Sobre todo empezarás a plantearte tu verdadera felicidad. Dejarás de vivir en el pasado, y el futuro y el presente empezarán a tomar forma.

He observado este efecto en muchas personas que ni siquiera se planteaban hacer un cambio, simplemente al comer estos productos, el cambio les llegó.

¿Te atreves a probar?

CAPÍTULO 4
NUTRE TU CEREBRO PARA DESPERTAR Y SER FELIZ

LOS CEREALES, LA APARICIÓN DE LA AGRICULTURA Y LA GANADERÍA

En la historia de la gran madre tierra, a lo largo de la evolución de la vida, se aprecia una sucesión de especies bastante lógica, que va desde la época de los dinosaurios, con esa atmósfera densa y oscura, pasando por numerosas especies animales y vegetales, hasta el luminoso momento en que aparecen los primeros homínidos, justo junto a los cereales en su forma actual. Ciertamente, estos son de las plantas más modernas y que cronológicamente coinciden en el tiempo con nuestra especie. Tengamos en cuenta que estamos contemplando espacios de tiempo de millones de años, y al hacer esta consideración, entendemos que para la tierra diez mil años son unos minutos, y el hombre llevaría sobre el planeta los últimos cinco minutos de su existencia, aproximadamente como las plantas que hoy nos acompañan. Entre ellas los cereales.

Si tenemos en cuenta esta sincronía, y que nuestra boca está predominantemente compuesta por molares, para machacar grano, podemos pensar en un lenguaje de fácil lectura, de la naturaleza, sobre lo que espera que comamos.

Qué curioso, que **sobre el cultivo de estos cereales, surgió la agricultura**, y se sentaron las bases de las primeras civilizaciones sedentarias, que dieron lugar a una tremenda revolución humana, y de nivel de consciencia. Si la comparamos frente a los antiguos nómadas, depredadores y supervivientes, crudívoros. Que agotaban los recursos de una zona y emigraban a otra, la cual dejaban también arrasada a su paso. Su principal ocupación era encontrar y conseguir comida.

A la vista de cómo se desarrollaron las cosas podemos imaginar que debieron permanecer por alguna cuestión climática en la misma zona dos temporadas, y a base de observación debieron descubrir que donde habían caído granos de comer crecía una nueva planta con muchos más granos, y aquello era posible sólo con unos pocos granos del año anterior, obteniendo así una producción de alimento creciente y permanente. Pudo ser así o bien alguna civilización más avanzada les enseñó, esto no se sabe; el hecho es que descubrieron la agricultura y este hecho cambió la vida del hombre en el planeta. Les permitió asentarse y dedicarse a otras cosas. Destacable es el hecho de que el resolver el tema alimenticio les dejó tiempo y energía para dedicarse a otras facetas del ser humano, a partir de lo cual surgió un gran avance a nivel mental, social y tecnológico.

APARICIÓN DE LAS CIVILIZACIONES

En ellas se desarrolló el lenguaje escrito, el arte, la música, las escuelas filosóficas...

La alimentación de estas primeras civilizaciones agricultoras se basaba en grano, verduras de la zona, legumbres y la poca proteína animal que pudieran capturar como caza de pequeños animales, además de otros recursos según la zona.

Otra gran casualidad es que al analizarlos en el laboratorio, descubrimos que, justo los cereales, contienen todas las vitaminas del grupo b, que son las que refuerzan y fortalecen nuestro cerebro y el sistema nervioso central; es de creer que fue gracias a comer este alimento que aumentó la inteligencia y el nivel de consciencia de estas civilizaciones.

De todas formas este progreso pronto dio lugar a otros cambios, pues con la llegada de la revolución industrial primera, se introdujo el molino y la capacidad de transformar las cosas.

Y donde primero se consumía sobre todo el cereal en grano pasó a consumirse principalmente harina, hasta nuestros días que apenas encuentras un plato de arroz blanco en algún restaurante. El cereal prácticamente ha vuelto a desaparecer de nuestras dietas en su forma entera; nos hemos quedado con el pan, como único cereal, y hoy día solo conocemos la cebada, la avena, el mijo y el arroz como comida para el ganado, cuando antiguamente era nuestra comida principal.

La barra de pan poco o nada tiene que ver con el trigo o el arroz. Es refinada y blanca en lugar de integral, además está desprovista de todos sus minerales y vitaminas para hacerla más fácilmente masticable y más agradable al paladar. Ya de por sí, el cereal en forma de pan, no es lo más ideal para alimentarse sanamente. Pero eso aún sin tener en cuenta que el pan de hoy día tiene además sustancias añadidas como antibióticos o conservantes.

LA MANIPULACIÓN DE LA INFORMACIÓN SOBRE ALIMENTACIÓN EN LOS MEDIOS DE COMUNICACIÓN

Basta la simple observación del mundo que nos rodea para ver que tenemos una sociedad aburrida, en busca de estímulos fuertes por un lado, analítica y materialista por otro, crítica, egoísta, desconectada de la naturaleza. Bastante infantil y crédula por otro lado, especialmente con todo aquello que sale por la televisión.

Por ejemplo, cualquier cosa que digan en los anuncios se convierte en ley, demostrada por la ciencia. Los mismos anuncios que cuando tienes madurez emocional y mental, parecen estar dirigidos a jóvenes de doce años cortos de neuronas y de oído. Por poner algunos ejemplos: aquí teníamos el extendido "hecho" de que la margarina sea más saludable que la mantequilla, o la soja mejor que la leche, o que la vitamina C de un zumo prevenga el resfriado. Cremas anti-celulíticas, lociones para el pelo, hidratantes anti-edad. ¿A alguien le ha funcionado algo de todo esto? Sigo viendo celulitis, conozco varios calvos que lo han intentado todo, aún veo arrugas..., si fuera tan sencillo... Me pregunto ¿por qué asumimos tan fácilmente que nos traten como estúpidos y luego cuestionamos cualquier documental, que hable de vida extraterrestre o de energías, tratando de abrir nuestro paradigma mental, tachándolo de no estar "demostrado científicamente"?

Tenemos también numerosos desórdenes, enfermedades y alergias nuevas por doquier; eso sin contar las muertes por cáncer que nos rodean. Aún así seguimos durmiendo en el "matrix", encendiendo la televisión en lugar de encontrar información y salir de ahí. Parece que nos gusta ir contra la propia vida. Curioso que en el mundo animal no existan estos desórdenes.

No creo que sea necesario dejar de comer de todo y vestirse de alternativo raro, e ir por ahí mal vestido, delgado y pálido, casi desnutrido. Como muchas personas que sin amor aplican todo esto de manera racional y extrema. La cuestión está en el equilibrio, la lucidez mental, el sentido común y el amor, creo yo. Opino que el hecho de elegir bien y extender estos conocimientos, puede lograr que se cambie el consumo. Y si cambia el consumo, los fabricantes tendrán que respetar la demanda creciente de productos naturales y sanos, y todo volverá a cobrar un orden más lógico. Hoy día deberíamos exigir productos de buena calidad para nuestra salud y dejar de tolerar que nos envenenen y vendan basura con el calificativo de "Alimento". No se trata a mi entender de tener que buscar productos ecológicos pagando más por ellos, si no de ¿por qué no es todo ecológico y saludable?

Para continuar entendiendo la diferencia entre el nuevo paradigma que propongo de ir adelante en consciencia alimenticia y salud, es importante ver algún concepto de base.

¿QUÉ ES Y QUÉ NO ES UN ALIMENTO?

Habría que definir firmemente qué es y qué no es un alimento. Una galleta rellena de crema sabor a vainilla repleta de conservantes y edulcorantes, no es un alimento. Una salchicha rellena de queso ficticio, saborizantes y grasas hidrogenadas, tampoco.

Alimento es aquella sustancia natural que contiene nutrientes de forma que el cuerpo pueda aprovecharlos, le ayude en sus procesos naturales y genere energía, salud y vitalidad. Una almendra es un alimento, una zanahoria es un alimento, un grano de arroz o una legumbre; hasta un huevo o un mejillón podrían, además de seres vivos del reino animal y compañeros de planeta, constituir un alimento en un momento determinado.

"No alimento" es una sustancia química generada en una fábrica, que produce procesos metabólicos en el organismo de acidez, de eliminación de desechos, de pérdida de energía vital, minerales y nutrientes, y de reacción inmune exagerada a lo consumido.

Por mi propia experiencia con la comida, la cual narro más adelante, creo firmemente, que si empezáramos a alimentarnos de la tierra, y sus productos naturales, recuperaríamos la felicidad y la cordura, desaparecerían poco a poco los desórdenes sociales, como se cita en el libro, "Sugar blues", (historia del azúcar blanco y su introducción en nuestra civilización). Vemos que muchos de estos problemas se introdujeron cuando "inventamos" el azúcar blanco, producto procesado químico que no existe en la naturaleza. Y que nuestro organismo no puede procesar sin perder minerales y oligoelementos. Y sin desequilibrarse y acidificarse.

Podríamos vivir en un mundo en paz creo yo, si nuestro cerebro funcionase bien.

EL AZÚCAR, LA VIBRACIÓN DE NUESTRO CEREBRO

Hasta en los dibujos animados de mis hijos he podido escuchar que el azúcar blanco era un "alimento", cuando más bien es lo contrario. No obstante hoy día, nos hemos convertido en adictos al dulce y al azúcar. Y necesitamos consumir productos con este sabor. En parte por la cantidad de sal también refinada y desprovista de sus minerales del mar, que consumimos. Y en parte para "dulcificar" el amargor de las vidas que estamos viviendo. Así que, al menos, mientras esto cambia, propongo minimizar el azúcar al máximo o consumir endulzantes moderados y equilibrados cuando necesitemos este sabor.

El azúcar relaja y calma, produce una ligera euforia, aunque poco a poco va destruyendo el páncreas, y el sistema nervioso. Sí. El azúcar nos "embota" la mente y nos vuelve menos inteligentes. Nos ayuda muchas veces a seguir aguantando situaciones que de otra forma no soportaríamos.

Es de observar que actualmente la inteligencia de las personas está menguando y no aumentando, como sería de esperar para una especie en evolución.

La explicación es sencilla si consideramos a las neuronas como la sede material de nuestros pensamientos. Y al cerebro como la máquina con la que procesamos la información y a través de la cual interpretamos la realidad para vivir nuestra vida. Está clara la relación entre toda esta estupidez y un cerebro no precisamente bien nutrido.

Hoy sabemos que los pensamientos y emociones generan una vibración en nuestro cuerpo con una frecuencia energética determinada, muy diferente unos de otros. La alegría, el amor, tienen una frecuencia rápida y de pequeña amplitud; la tristeza, el odio una lenta y de amplitud grande.

¿Acaso creemos que vibra igual un cerebro alimentado por una sangre limpia, vital, llena de minerales y energía de vida, que otro alimentado sin minerales, con sustancias químicas extrañas, conservantes, colorantes, sustancias químicas de todo género?

¿Puede que toda esa incapacidad de "ver" cosas que son de lógica, en el día a día, y de vivir adentrados en un espejismo falso que no conduce a nada, tenga que ver con un cerebro funcionando bajo mínimos, sin lucidez, cansado y sin nutrientes?

En mi caso, así fue, como os contaré más adelante en mi experiencia de despertar. Experimenté por mí misma cómo el cambiar el tipo de alimentos que tomaba "reinició", literalmente, todos mis paradigmas y creencias, y me proporcionó una claridad mental que nunca había conocido antes. Salvo de muy pequeña.

Llegado a este punto podrás preguntarte si realmente podría afectar tanto, te ruego que recuerdes y tengas en cuenta el efecto que produce, por ejemplo, una planta alucinógena en el cerebro. Este sería un efecto extremo, que nos saca del "Matrix" y nos conecta con otra realidad. Pero sin ir tan lejos, miremos una simple copa de vino o una taza de café. Estos productos tienen un efecto destacable en nuestro sistema nervioso. Pues bien, has de saber que todo, absolutamente todo, produce a nivel cerebral y físico una eliminación, en forma de pensamientos, sentimientos y emociones. Estos pueden ser positivos o negativos, equilibrados o desequilibrados, en función de la naturaleza y pureza de los productos que el cuerpo tiene que eliminar, cuando llegan a la sangre.

Es evidente que no es lo mismo.

El cerebro es la parte más sensible de nuestro organismo y la más compleja a que ha llegado la naturaleza. Es de una gran sensibilidad, pues bien, estoy convencida que con la dieta actual imperante lo estamos envenenando y echando a perder sus capacidades intuitivas, intelectuales y evolutivas de manera increíble e incuestionable.

Existe de hecho una sensibilidad especial en el cerebro, capaz de detectar vibraciones, estados de ánimo, energías residuales en lugares dónde han ocurrido hechos traumáticos. Cada vez más estudios respaldan el hecho de que algunas personas especialmente sensibles, detectan con el cerebro informaciones y ondas que no están en forma de sonido o de datos "procesables". Información "detectable" por otros medios, desconocidos o no habituales. Imagino que seguramente habrás tenido, "intuiciones" que han resultado ciertas.

- **¿Has observado en ocasiones cosas que iban a pasar, has tenido telepatía con seres queridos?**

- **¿Has percibido presencias, has escuchado hablar a árboles o animales dentro de tu cabeza?**

- **¿Has tenido sueños lúcidos o muy reales?**

- **¿Has tenido experiencias fuera del cuerpo o sentido como la consciencia entraba en el cuerpo físico al despertar?**

Seguro que te han pasado algunas de estas cosas y muchas más. Todo ello es una prueba de la enorme sensibilidad del cerebro para percibir, que va mucho más allá de lo meramente visual, auditivo o habitual. Y muchas más habilidades que tenemos sin desarrollar ni explorar y que esta alimentación tan insana para el cerebro está frenando. Por ejemplo, uno de los problemas con los niños hiperactivos es por la alimentación tan tóxica y el efecto que produce en cerebros más "evolucionados energéticamente", pero sin desarrollar. Entonces si el cerebro es tan sensible, ¿cómo no iba a afectarle la química que consumimos actualmente?

Si hasta mi coche se estropea si utilizo un mal carburante.

Recordemos que, en otras épocas, las personas tenían sueños premonitorios a menudo, hablaban con ángeles, recibían mensajes de otros seres. Hay numerosas partes en textos sagrados que hablan de este tipo de sucesos, que hoy en día rozan lo paranormal. Quizá simplemente no eran tan raros, ni eran solamente metáforas, si no que obedecían a una mayor conexión y sensibilidad de sus cerebros para percibir "otras vibraciones" más sutiles. Y a un paradigma más abierto que no desestimaba la parte sutil de la existencia, como hacemos actualmente. Ahí lo dejo para que reflexiones. Ahora estamos programados para despreciar la intuición y no ver ni creer en nada, que no sea físico ni aceptado como real.

Hasta a los sueños se les considera un material mental de deshecho, cuando son una creación del inconsciente que nos ayuda a procesar y vivir nuestra vida.

En mi opinión no es casual que hayamos construido una sociedad paranoica que se está cargando el planeta y muriendo poco a poco sin siquiera enterarse.

Hemos dejado de usar alimentos naturales y nos hemos vuelto adictos a los químicos.

VITAMINAS Y COMPUESTOS DE LABORATORIO

Luego, y para acabar arreglando el problema, nos dedicamos a comer y comprar suplementos de plantas en pastillas o cápsulas, aduciendo a las sorprendentes características de las sustancias, de nuevo analizadas en laboratorio.

¿Estamos realmente convencidos y seguros de que el cuerpo reconoce verdaderamente los compuestos químicos vitamínicos que fabricamos en el laboratorio?

No ha sido demostrado, salvo por unas estadísticas siempre a favor del que las paga, que el cuerpo sepa reconocer estas vitaminas y las use.

¿Cómo hace el cuerpo para distinguir entre toda la basura de excipientes, la vitamina que necesita y usarla en donde hace falta?

Recordemos que en la misma planta donde esa vitamina se encuentra de manera natural, viene acompañada de unos oligoelementos que ayudan a procesarla, viene con una "provitamina" que ayuda al organismo a reconocerla y llevarla a su lugar, y sobre todo tiene una información energética completa, no nula o fragmentada, que le sirve al organismo para reconocerla, ademas de unas enzimas naturales que ayudan en su digestión.

Personalmente estoy convencida de que en su mayoría no funcionan, de que lo único que hacen es producir una orina cargada de desechos químicos.

Personalmente conozco pocos casos con anemia por falta de hierro en la sangre que se hayan curado tomando hierro. Eso sí, se logran unas heces negras y un buen estreñimiento en casi todos los casos. Porque los minerales si no van en combinación adecuada, el cuerpo los elimina para mantener su equilibrio homeostático, y cuanto más añadimos de uno más orinamos de ese o de otros. Además, porque si la causa está en otro lado, el problema sigue oculto.

A lo mejor no es cuestión de añadir más calcio sino de ver porqué el que tenemos se está perdiendo, y porqué no va a dónde debe. Tal vez sea cuestión de encontrar la causa y curar desde ahí. Porque en la sociedad civilizada hay muchas razones para perder calcio o hierro, pero la falta de lácteos o de carne a mano en el mercado no es una de ellas. ¿No? Igual no es cuestión de tomar más, de añadirle calcio a todo, si no de ver qué está pasando con el calcio y por qué.

Sentido común.

¿Y si esto no fuera así, y si todas esas tabletas solo sirvieran para engordar las cuentas bancarias de aquellos empresarios que las producen y venden?

Y para malgastar recursos en los procesos. Pregunto, ¿por qué blanquear el arroz, para comerlo sin vitaminas y minerales y luego añadir a nuestra dieta, unas pastillas de vitaminas del grupo B y minerales, y oligoelementos extraídos justamente de esas cáscaras que previamente habíamos eliminado? Justamente cuando a base de tomar todo sin ser integral descubrimos que tenemos ansiedad, caída del cabello y uñas frágiles.

¿Por qué?

EL NEGOCIO DE LA ALIMENTACIÓN NO NATURAL

Porque es más rentable, simplemente, separarlo y venderlo blanco, que es más suave y se cocina en menos tiempo, y luego con la cascarilla fabricar unas pastillas que vendo aparte cuando, a consecuencia de comer ese arroz blanco, surge la carencia que si se tomara el arroz integral no existiría.

Es más negocio para una industria, pero ¿alguien se plantea en tiempos de crisis energética la energía invertida y recursos para ambos procesos? Cuando el arroz integral viene ya listo para ser consumido y lo contiene todo sin necesidad de procesarlo.

Es una locura.

Decirle a una persona que se coma sésamo molido con el arroz integral, y un caldito con algas, no da dinero a nadie. Ya que el sésamo cuesta apenas euro y medio el paquete. Claro que siempre estamos dispuestos a hacer negocio a través de lo que esté de moda.

Hace doce años, cuando empecé a comprar cereales, la quinoa se vendía en el herbolario a euro setenta el paquete, apenas era conocida; hoy día, está a casi seis euros, gracias a la moda de reconocer lo buenísima que es. Ignorando que el arroz integral, la cebada, la avena y el mijo tienen todos ellos las mismas o incluso mejores propiedades que la afamada quinoa. Creo que hemos logrado que los países de América que se alimentaban de ella, apenas puedan ya pagar su precio.

Por otro lado, **la enfermedad es un gran negocio** y una poderosa industria a nivel mundial. Hay muchos intereses y mucho dinero moviéndose en la industria farmacéutica y en el mundo médico. Los hospitales mueven mucho trabajo y dinero. Desmontar esta estructura social creada en torno a la enfermedad, de buenas a primeras, es impensable.

CAMBIAR HÁBITOS

Lo único que puede hacerse es, poco a poco, y no sin entrega, ir cambiando hábitos hasta que llegue un momento en que deje de ser negocio, y sea innecesario tal despliegue de dinero, ya que la salud de la población supere a la enfermedad. A mi parecer, salud es sinónimo de felicidad, consciencia, inteligencia y adaptación. Muchas de las personas con las que hablo en mi día a día, están encantadas de preguntarme y saber. Cuando me marcho, se quedan con la sensación de estar siendo engañadas, y desinformadas por los medios de comunicación e incluso por sus médicos. Y de no saber qué pensar ni qué comer. Triste, pero real. Nunca la opinión pública ha estado más confundida. Y nunca hemos tenido tal abuso de publicidades y marketing salvaje en la oferta de productos y "soluciones".

Recordando la cantidad de azúcar que llevaban los productos cuando era niña y comparándola con la que llevan hoy en día, se comprenden muchas cosas... de hecho. Más adelante os cuento mi experiencia como madre de dos niños y todo lo que descubrí sobre la salud de nuestros niños y las generaciones venideras.

No obstante, **alimentarse bien, descansar, trabajar sin estrés, vivir una vida consciente agradeciendo lo que uno tiene, dejar de exigirse hacer más y empezar a respetarse uno mismo, son pasos importantes para cambiar dinámicas y empezar a cuidarse.** La nutrición de nuestro cerebro es importante y no sólo a nivel físico. Liberándola de tantos tóxicos y químicos, también es importante respetar el cuerpo y descansar, dormir, meditar, conectar con uno mismo.

Tener tiempo a diario para procesar las emociones del día, pues la vida es un curso de amor y un viaje emocional. Somos amor. Hacer por ejemplo una recapitulación o meditación antes de dormir nos deja mayor libertad para desarrollar sueños lúcidos, o premonitorios, como les pasaba en otras épocas. Estar agotado y sin tiempo solo produce sueños que constituyen una eliminación de exceso mental, y un reequilibrio, donde el inconsciente trata de mantenernos cuerdos, a pesar de la locura de nuestras vidas.

A diario veía personas en el metro, que ojerosas y pálidas, medio dormidas y agotadas ya, desde primera hora, iban a sus trabajos para conseguir unos euros con que pagar sus facturas. Me entristecía esto enormemente.

Durante un tiempo, en mis comienzos, yo misma tuve que integrarme en alguno de estos trabajos, a fin de pagar el alquiler de mi piso, y la comida y ropa que necesitaban mis hijos.

De regreso por la noche, algunos días, estaba tan agotada y cansada, que miraba alrededor y, viendo en el vagón del metro, como regresábamos todos, llegaba a llorar muchas veces de tristeza. Porque al menos yo, sabía que era momentáneo, al menos yo tenía mi proyecto de vida vivo, al menos yo cada día trataba de crear una vida mejor y de crecer y aprender para salir de ahí. Al menos yo, era consciente de que no había nacido para aquella esclavitud, que la vida del ser humano tiene un propósito mayor, por lo que al menos yo no era una esclava inconsciente e integral. Y sabía que pronto aquello iba a cambiar.

De manera que te propongo **dejar de comer y vivir sin sentido y empezar a aprender cosas que te sirvan para crearte una vida mejor a todos los niveles.**

En este libro tienes conocimientos sobre cómo mejorar tu energía a través de los alimentos. Aprenderás qué productos ayudan a tus órganos a generar buenas emociones y a equilibrar tu vida, física y emocionalmente. En este libro tienes un resumen de todo ello, y también qué alimentos y recetas te pueden sanar y equilibrar, en los apéndices finales. Fórmate y aprende para ser capaz de sanarte tú mismo. No necesitas ningún curso más, solamente aprender los sencillos conceptos que explico más adelante.

- **Cuida tu cuerpo como un tesoro**, ya que es la "bio-máquina" que te permitirá llegar a mayor siendo bello y sano y tener una vida plena.

- **Respétate y valórate como un ser único que eres**; no entres en tratar de demostrar nada a los demás. Simplemente aprovecha tu situación actual para ser mejor cada día, aprender, tomar consciencia, crecer y adquirir conocimientos.

- **No pierdas ni uno sólo de tus minutos de vida sin disfrutar.** Ya sea que vayas en el metro, escuchado tu música favorita y meditando o leyendo un libro que te alegre y te suba la vibración.

• **Aprovecha los momentos perdidos** en las tareas domesticas más rutinarias para escuchar audios o conferencias interesantes. Apaga la televisión y busca información interesante para tu crecimiento personal, (en Youtube hay miles de libros y conferencias gratuitas que te darán mucho más que las series y anuncios de la televisión).

• **No pierdas el tiempo en hacer cosas que no quieres, ver personas que no te aporten nada, o conversaciones vacías llenas de juicios, críticas o quejas.** Cada día, desde donde estás, puedes marcar la diferencia. Crece tú, dedícale tiempo a tu cambio y después con tu sola presencia transformarás a otros. Puedes elevar la vibración completa de un lugar con tu sola sonrisa y un comentario amoroso de alta frecuencia o una broma.

• **La televisión y los medios de comunicación masivos son abusivos, nos roban tiempo de vida**, cuando el tiempo de vida es lo único que no podemos recuperar.

¿Te has planteado la total falta de respeto y violación de libertad que constituye la televisión y el uso que hacen de ella los que dirigen las cadenas?

¿Realmente es necesario estar tres horas delante de la pantalla, para ver una película que apenas dura ciento treinta minutos? Nos hacen perder nuestro tiempo de vida, y de sueño muchas veces, obligándonos cada veinte minutos a ver quince de publicidad y anuncios, de cosas que no necesitamos y que no queremos comprar. Ver una película nos cuesta el doble del tiempo que debería. Esto constituye, bajo mi punto de vista un abuso, sabiendo que trabajamos ocho horas, que perdemos una o dos horas más en transportes. Si sumamos el tiempo perdido en colas, transportes, y un largo etcétera. ¿No es una violación que nos roben nuestros minutos de ocio también? Cuando el despertador sonará a las seis. Sin apenas habernos dado tiempo a dormir. Así, a la mañana siguiente otra vez desfile de zombies agotados en el metro o en la carretera. Así nos mantenemos abotargados y adormecidos... Es hora ya de cambiar esta dinámica.

Lo que te quiero transmitir es que es mucho lo que ya puedes hacer. **La persona "despierta" no deja que le roben su vida y su tiempo**. Decide qué quiere ver y qué no. No pierde el tiempo. Se informa. Y se respeta a sí misma, respetando su cuerpo, sus horas de descanso. Su tiempo de ocio y sus hobbies son sagrados. Este tipo de persona no se estresa ni tiene que demostrar nada. Simplemente está sana y feliz y por ello es eficiente y productiva sin necesidad de esforzarse o sufrir. No tiene preocupaciones de más ya que vive el presente. Y no reacciona, si no que actúa de manera coherente a su sentir y sus principios.

Empieza hoy a ser consciente e inteligente. Aprovecha y vive en cada segundo. La vida es hoy, ahora mismo.

Decide estar despierto y vital y conviértete en el que dirige tu vida, y deja de ser una oveja más a la que arrastra la corriente.

Alimentarte con algunas de las recetas de este libro, te favorecerá este estado de consciencia, te lo garantizo. Pero deja de pensar. **Haz**. En el siguiente capítulo explicaré el ciclo energético de creación en el que están los cinco estados de la materia, y que constituyen la base principal de este acercamiento a la naturaleza de la vida. Es la base del paso de yin a yang, y de energía y materia, y el principio de toda la vibración. En el equilibrio de sus cinco transiciones o cambios está el secreto de la felicidad y la plenitud. Así como de la libertad personal.

CAPÍTULO 5

LAS CINCO TRANSFORMACIONES DE LA ENERGÍA PARA CAMBIAR TU VIDA

EL CICLO DE LA VIDA

Existe un ciclo de la vida, un flujo de energía que podemos observar en todos los procesos; en las células, en el parto, en las estaciones, en la vida de los seres vivos y en el fluir del día y la noche.

Este ciclo forma parte también en las ondas y en las partículas cuánticas de los laboratorios, aunque nombrado con terminología distinta. Y en la historia del universo tal y como explicamos hoy el *big bang*. Los chinos lo llamaban yin y yang, los científicos dualidad onda corpúsculo. Los místicos espíritu y materia. Y Nassim Haramein, "La estructura del vacío". Todos ellos son distintos paradigmas, para entender un proceso que se da en la realidad en que vivimos.

Espacio y tiempo, cuerpo y espíritu, vida y muerte, bien y mal, oscuridad y luz. Son las dos formas de la existencia en este plano o dimensión. Y en el equilibrio de ambas se encuentra la vida, así como la evolución de la consciencia hacia adelante. Como un inevitable y misterioso milagro.

Este ciclo ha sido reverenciado durante milenios, por la humanidad, y era utilizado para curar, para sembrar, para vivir conforme a él por los indios, y el hombre primitivo, los mayas, los vedas, los celtas, los druidas... etc.

Es un proceso muy útil para la comprensión de nuestra vida, de la naturaleza ondulante.

En primer lugar la energía se divide en dos movimientos, el expansivo o yin, y el contractivo o yang.

A nuestros efectos la tierra "emite" una energía que denominamos yin o expansiva, tiene que ver con el movimiento terrestre. Es la fuerza centrífuga que se genera en un sólido rotando alrededor de su eje. Esta energía es hacia afuera. Como bien dice la palabra, huye del centro, centri-fuga.

Hace crecer a los árboles hacia fuera, es decir en dirección contraria al centro de la tierra. Es la que hace expandirse a la vida, desde la primera unión de dos células en el útero, hasta la constitución del bebé y, posteriormente, desde su nacimiento hasta su muerte. Este movimiento expansivo está en la semilla de almendra y da lugar a un árbol. Está en el recién nacido, éste es muy pequeño pero concentra en su diminuto cuerpecito el programa completo de una vida de unos cien años; en sus apenas cincuenta centímetros está el programa de un adulto de metro ochenta de estatura. La vida es en sí misma un proceso en el que todo va hacia su mayor dimensión, desde su aspecto más contraído, es como una especie de *big bang*, particular de todos los seres vivientes y los fenómenos. Todo crece desde algo diminuto, se expande, luego disminuye, mengua, se contrae y por último se transforma o muere.

Esta energía expansiva o yin es la que utilizará el bebé para crecer.

Si ahora definimos por opuestos la energía contraria, tendríamos el movimiento antagónico, que sería la contracción, o "carga" yang, centrípeta. Un acto de "apretarse", que mantiene unido al bebé y evita que en esa expansión se desvanezca en el aire uniéndose con todo y desmaterializándose hasta ser sólo energía. Es el yang la fuerza que nos mantiene contraídos y unidos a nuestro centro. La que mantiene la tierra pegada a su eje, y girando como una entidad completa. Un bebé entonces a la vista de esto, es el ser humano más contraído y yang que existe. A lo largo de su vida, y gracias a los alimentos yin que empieza a consumir, como la leche dulce de su madre, tendrá que ir expandiéndose y "yinizándose" para realizar su ciclo de vida completo, el cual es un camino desde el yang al yin. Irá creciendo y expandiéndose, hasta finalmente llegar a su tamaño adulto y posteriormente dejar este cuerpo físico y pasar al mundo de la vibración sutil.

Donde sólo quedará de él, lo que haya dejado, en forma de vibraciones, memorias, recuerdos y amor en el planeta. Así como su semilla como ser único en sus descendientes, u obras, y su forma energética en consciencia o alma. La idea es que el mundo entero se vea transformado por cada ser que nace, por su aportación al conjunto, ya sea grande o pequeña, al igual que nuestras células nos aportan a nosotros.

Ahora creo que ya podemos entender el famoso yin y yang, que tanto nos cuesta en occidente.

Esta cualidad yin la vemos en numerosos procesos, a esta categoría corresponde la noche, la relajación, lo femenino, el agua, el frío, el invierno, el mar, la oscuridad, cualquier planta que crezca hacia arriba lo hace impulsada por esta energía, cuanto más se expanda y más arriba y grande sea, más carga yin contendrá.

Así una acelga es más yin comparativamente que un puerro.

En el otro extremo tenemos la energía complementaria, la fuerza o presión que realiza el universo y las estrellas, y en concreto el sol como la más cercana, sobre nuestro planeta.

Esta energía funciona hacia dentro, es contractiva, evita que la tierra se disperse hasta desaparecer en partículas en el universo infinito. Para nosotros el yang, será el sol, el calor, el día, el verano y lo que nos contrae.

Tenemos que entender que los conceptos yin y yang no son categorizables ni absolutos, sino relativos, en cuanto cobran significado cuando son comparados con otras cosas más yin o más yang. Es una cuestión de carga energética comparada. Y son inseparables como las caras de una moneda. Así lo muy yin producirá un efecto yangizante, o contractivo, y viceversa. En occidente nos cuesta mucho entenderlo. Porque estamos acostumbrados a definiciones parceladas, concretas, y yin y yang son exactamente lo contrario, todo lo yin tienen un aspecto yang, y todo lo yang contiene un aspecto yin, como nos muestra el conocido dibujo del yinyang, el cual se refiere al equilibrio. Algo será uno u otro en función de si miramos su forma material o su efecto energético. No son términos absolutos sino siempre comparativos, como decía Einstein en la teoría de la relatividad, todo es, en función del sistema de referencia con que se mire. Gran verdad.

Aquí puedes ver una sencilla explicación de estos conceptos para que te aclares aún más.

www.dianalopeziriarte.com/recursos/explicacion-yin-yang

Para que pueda servirnos, vamos a ver los efectos de estas energías en alimentos, en el clima y en el organismo, pues a lo largo de mi experiencia como profesora de macrobiótica y cocina curativa, he notado que se entiende mejor cuando se aplica y se referencia a algo concreto, que cuando se queda en concepto y teoría mental.

En la tierra todo está compensado: por ejemplo, veremos como en climas yin, fríos, las plantas son más yang pequeñas o contraídas para equilibrar y aguantar el frío. Y en climas tropicales, que son calurosos, es decir yang, la vegetación es muy yin, muy expandida, plantas de hojas grandes y acuosas, frutos grandes y dulces, para equilibrar, para expandir y refrescar. Pues si en un lugar con mucho calor, yang, como un desierto, metemos una planta yang, contraída con hojas como agujas, por ejemplo una conífera, se quemaría. Ardería por falta de agua para soportar ese calor.

Las plantas en el trópico son de hojas muy grandes y ricas en agua, mientras que las de la tundra son coníferas, sus hojas son agujas, muy contraídas; es lógico porque si fueran muy expandidas y llenas de agua morirían congeladas.

Así la naturaleza se equilibra, produciendo en climas fríos alimentos yang que nos contraen y en climas calurosos alimentos yin, ricos en agua que nos expanden y relajan.

Las flores que crecen en todas direcciones justo cuando hay más luz y calor, son más yin, lo mismo que las frutas. Así en el momento de mayor carga yang o de calor los árboles y plantas producen su alimento más yin. Y expandido, acuoso y dulce.

El Yang empuja a crecer a las raíces de los árboles hacia dentro, hacia el centro de la tierra, nos empuja hacia la tierra y nos mantiene vivos, sin esta fuerza o energía sufriríamos una rápida expansión hacia la muerte y descomposición.

Energía de concentración centrípeta y hacia dentro.

Cuando el clima es yin (frío) en invierno, nuestro cuerpo nos contrae (yangiza), para que el exceso de yin no nos mate. La naturaleza produce alimentos contraactivos para que nos podamos equilibrar y no frutas ni flores. Esta característica la tienen las zanahorias, los nabos, los animales, la sal, los minerales, los frutos secos, y todos los productos o alimentos que crecen en otoño y en invierno. Estos alimentos nos contraen, nos ayudan a estar calientes durante el frío. Pero estos mismos alimentos que en clima yin o frío nos ayudan, podrían ser nefastos si los tomamos en verano, cuando el clima es yang. Sol, calor y energía de la estrella cercana a tope.

En este momento, en el estío, la tierra en su equilibrado saber Ser, nos dará alimentos con carga yin (fría), acuosa, dulce expansiva, que nos refrescan por dentro y nos ayudan a expandirnos y a aguantar este calor sin deshidratarnos.

Toda la vida es un fluir de estas energías que se pueden dividir en un ciclo que genera la vida según los taoístas.

No sé si he logrado hacer ver la parte práctica, que es la que nos conecta con el clima y los alimentos producidos por cada estación y zona climática. O ya estás tratando de entender sin lograrlo, porque yin y yang parecen lo mismo, ya que ambos producen la reacción contraria en lo que les rodea. Si este es tu caso, relaja tu mente. Concéntrate en la sensación de tus pies, de tu estómago, de tu piel, y continúa, pensando en términos de frío, calor, y clima. Esto es que estás aún demasiado mental. Ahora si sigues los consejos de este libro en cuanto a tu alimentación, eso pronto cambiará. Te lo aseguro.

Para resumir y aclarar: en invierno hay que comer más sal, productos de invierno, y cosas calientes. De esta forma el organismo en invierno se contraerá expulsando el exceso de mucosidad y líquidos ingeridos en el verano, fuera del cuerpo, adelgazando y contrayéndonos un poco. Tras algún que otro proceso depurativo que denominamos, "resfriado" o "catarro", nuestro cuerpo se contraerá para pasar el invierno en equilibrio.

Estos resfriados o eliminaciones llegarán de forma natural a nosotros en cuanto empiece el frío. Confundiéndolos con una enfermedad, los frenaremos con medicinas, y consecuentemente, no expulsaremos estos excesos, quedándonos desequilibrados y "gordos". Llenos de mucosidad y líquidos de más, consumidos en verano. Pasaremos el invierno, cogiendo numerosos virus, que tratan de ayudarnos a limpiar este exceso. Y los consultorios médicos se llenarán de víctimas inconscientes del exceso de yin, líquidos, alimentos fríos, y azúcares. Esto sucederá cada vez que el frío aumente. Ya que el cuerpo, al notarlo, tratará de hacer su limpieza de invierno y contraerse. En el peor de los casos, cuando ya el cuerpo está demasiado contaminado, ni siquiera lo intentará. Simplemente acumularemos más y más desechos y mucus dentro. Tal es el caso de personas muy contaminadas y obesas.

Si lo hacemos bien, pasaremos un invierno bueno, sin demasiados procesos, y durante el transcurso, acumularemos sales minerales, algo de grasas y calor interno. Cuando de nuevo cambié el tiempo en la primavera, nuestro cuerpo tratará de soltar esto, y refrescarse; entonces comenzarán los síntomas veraniegos y primaverales, entre los que están numerosas formas de eliminación. Por ejemplo, las diarreas, que no son sino el intestino tratando de eliminar las proteínas putrefactas de la carne del invierno, para no morir de calor y poder asimilar el agua y las vitaminas mejor.

¿Qué comer en primavera? Alimentos ácidos y verdes, es decir, los frutos de la primavera, así como los cereales, y el color verde que llena los jardines. ¿Qué comería un animal en su hábitat, en una estación en la que lo invade todo el verde? Verduras y brotes tiernos de primavera.

Ojo, en invierno no hay piñas ni chirimoyas, y mucho menos en España. Si estás en el trópico o en otra zona del planeta tomarás las frutas que se producen en tu zona de forma natural en sus estaciones.

En verano, basta seguir el ciclo de alimentos y cosechas natural de tu zona, y complementarlo con algo de cereal, legumbre y pescado, para mantenerse sano.

Sencillo, y de sentido común, ¿no?

Voy a contaros el ciclo de la energía y cómo pasa de yin a yang haciendo cinco movimientos diferentes, y cómo este proceso se destila de la mera observación de la naturaleza; para ello recordemos la historia de este planeta y de la vida en él.

De estos movimientos o cinco elementos surge la acupuntura, el shiatsu, el chikung, y muchas más técnicas que tratan de equilibrar tus meridianos. Cada energía afecta a una época del año, a un órgano y víscera, y a una emoción diferente. Esto que ahora paso a contaros de forma resumida y adaptada para occidente son los conocimientos Taoístas, y macrobióticos. Todos ellos sacados del libro *Nei Jing* del Emperador Amarillo; son cuatro tomos, los cuatro libros más antiguos de medicina que existen en el planeta. Todos ellos basados en la observación de los fenómenos de la salud y la vida en relación con el medio ambiente, durante siglos de historia. Todos ellos de al menos dos mil años antes de Cristo.

LOS CINCO ESTADOS DE LA
ENERGÍA EN NUESTRO PLANETA

Energía Agua: El silencio de las semillas crecientes.

Partimos del primer océano en el que surgió la vida, el planeta estaba oscuro, había en él una atmósfera densa, en la que no crecía nada. Pocos rayos de sol podían atravesar está atmósfera repleta de CO_2. Este estado inicial, se correspondería al invierno del mundo, y digamos que por semejanza analógica y energética, parte de esta energía se activa cada noche, en la oscuridad y carencia de luz solar.

Estamos al comienzo del planeta, en los primeros años sobre la tierra cuando se gestó la vida en el océano primigenio, ese "útero amniótico" que generó las primeras moléculas vivas. Este estado u océano primigenio, así como las etapas de la vida en él, se reproducen paso a paso en el útero en el cual nos gestamos al venir a este planeta y encarnar. Una curiosa "sincronicidad" de repetición de procesos. En este tipo de movimiento englobamos lo que se denomina energía Agua, e incluye una serie de procesos que tienen que ver con lo que pasa en el útero.

También con lo que ocurrió posteriormente en el planeta cuando las primeras células vivas empezaron a crecer en ese océano. Hacía frío, estaba oscuro, todo estaba quieto, en calma, como en una gran noche, latente; sin embargo, en esa oscuridad iba gestándose poderoso y silencioso un gran cambio. Ahí crecieron las semillas de la vida.

Esta energía la vivimos en el invierno, según la macrobiótica y la medicina china, aquí se activan nuestros riñones, y los órganos reproductores. Porque es aquí donde se gesta la vida, donde tenemos nuestras semillas; es en esta época que se activan estos órganos porque se generan con este tipo de vibración. Es decir, en un clima oscuro y frío, donde la noche es más larga que el día.

Están en la parte más yang o baja de nuestro cuerpo. Y en estas condiciones energéticas nuestro organismo "recoge" nuestra esencia vital y la guarda en nuestros órganos sexuales y riñones, en el interior de nuestro cuerpo para resguardarnos del frío. También corresponde a la primera etapa de la vida, época en la que estamos en el útero materno, nadando en el líquido amniótico que no deja de ser un océano en sí mismo de sales minerales disueltas.

Corresponde a las semillas dentro de la tierra si hablamos de una planta, ya que es en esta estación que las semillas comienzan a abrirse, con la luz del sol creciente, preparándose para desarrollarse al calor creciente de la primavera.

Pero aún no es tiempo de salir ya que aún el sol está lejos y hace mucho frío.

Según lo que descubrí, cuando los riñones y la energía agua están equilibrados, estamos bien enraizados en la tierra. Tenemos confianza en la vida. Y vivimos en el presente, adaptándonos con tranquilidad a los acontecimientos. Por otro lado, como las glándulas suprarrenales están conectadas a los riñones, y son las encargadas de fabricar adrenalina, cuando estamos en peligro, e incluso alterar la percepción del tiempo, acelerándonos para darnos tiempo a reaccionar. Se deduce que cuando el riñón está desequilibrado se produce una emoción de estrés y miedo continua. Que nos desconecta del presente y de la vida. Así también cuando vivimos en un estado de miedo y estrés permanente, nuestros riñones se desequilibran y nos desconectamos de la confianza en la vida y del presente. Enfermando muchas veces de enfermedades de estos órganos. Más adelante, en el apéndice, tenéis consejos para equilibrar este órgano.

Vibración Madera: El resurgir del Fénix naciente.

Veamos la siguiente transformación que sufre la energía. Continuamos con ese mundo primigenio…

Poco después comienza a surgir la luz, con la llegada de los primeros seres en el océano, empiezan las algas a producir oxígeno, y en esa atmósfera densa del planeta repleta de CO_2 todavía, se empieza a aclarar. Poco a poco el ambiente se llena de más oxígeno liberado por esta actividad de algas creciente en el océano. Este oxígeno, desplaza el anhídrido carbónico, y va dejando cada vez entrar más luz solar. La oscuridad va dejando paso a un amanecer planetario, el sol aparece en el horizonte.

Cada vez van penetrando más los rayos de sol. Este proceso se repite, como veremos, cada día nuevo cuando sale el sol, y cada año tras el solsticio de invierno, en cuyo cambio, la luz del sol empieza a aumentar cada día. Tras el invierno, debido a la inclinación de los rayos del sol frente al eje de la tierra. Esto ocurre de nuevo cada primavera, que cada día es más largo que el anterior y la luz entra cada vez en mayor cantidad al planeta (evidentemente estamos hablando del proceso de la primavera por zonas, ya que siempre hay una zona en primavera y la contraría en otoño, y esto forma parte del propio equilibrio de la tierra). Vemos como el ciclo planetario se repite, cada año, en cada estación, y cada día con el amanecer, es decir, que estas energías o cualidades son ciclos concéntricos dentro de ciclos más grandes, como decía el Tao, lo que es adentro es afuera y el microcosmos es igual al macrocosmos. El ciclo de creación de la vida en el planeta es el círculo más grande, después está el de los años, con los mismos patrones, y a continuación el del día y la noche, con los mismos movimientos de energía.

Tenemos una estructura de "fractal", un patrón que se repite y que va desde lo más grande hasta lo más pequeño.

Aquí tienes un link para que veas un vídeo mío explicando el concepto de fractal y sus implicaciones en la naturaleza.

www.dianalopeziriarte.com/recursos/explicacion-fractal

El hecho de que cada vez pase más luz del sol, hace que la energía se vuelva ascendente, es decir, con la luz en aumento, y esto da lugar a una nueva forma energética, denominada madera o árbol. El Movimiento es vertical y hacia arriba, creciente. Empiezan en primavera a crecer las plantas y lo verde, todo va hacia arriba.

Regresando al inicio del planeta primigenio, aquel ambiente ya más luminoso posibilitó la aparición del mundo vegetal. Comenzaron a surgir las plantas, la vida vegetal salió del mar y conquistó la tierra con todo su verdor y esplendor.

El planeta se llena de vegetación exuberante, todo crece hacia arriba, plantas altas, árboles, el movimiento de esta forma hacia arriba, expansión vertical. Todo lo que crece o sube tiene esta condición. Esto ocurre cada año en primavera, y cada mañana hasta las doce cuando aumenta la luz, es la misma vibración.

Al haber cada vez más vegetación, aumenta el oxígeno disponible y la atmósfera se va aclarando, entra más luz solar, y la vida crece y se enriquece.

Este tipo de transición tiene que ver con la época en la que los niños crecen hacia lo alto, y su energía y su fuerza aumentan.

En nuestro organismo el órgano que manda la sangre y la energía para arriba y que aumenta el nivel de sangre en primavera es el hígado, que además se encuentra en el lado del colon ascendente, para indicarnos cuál es su cualidad. (Casualmente).

Es por ese lado derecho que la energía yin de la tierra sube por el organismo según la medicina tradicional china, por ello se relaciona con los procesos del hígado desde muy antiguo.

Cuando esta energía está equilibrada la persona está en activo en su vida, tiene proyectos y es creativa, se adapta a los cambios y es flexible. Cuando hay desequilibrio las personas se vuelven gruñonas, impacientes, y rígidas. Y no son creativas.

Energía fuego: Expansión, Apertura y Amor.

Cuando ya la luz ha llegado al máximo, llegamos a la transición o al elemento llamado fuego.

Esta etapa correspondería en el planeta a la expansión o explosión de la vida en el planeta en todas sus formas, animales y especies. Se produce cuando el sol llena toda la atmósfera y la vida vegetal ha aclarado todo el cielo. Se produce entonces la explosión de millones de especies y formas de vida diferentes; todo rebosa vida. La atmósfera se ha aclarado por completo y la luz del sol no tiene resistencias invadiendo todo el planeta. Es el punto máximo de luz.

Aquí el movimiento de la vida es expansivo en todas direcciones, como una explosión, forma de estrella, es justamente lo que hacen los frutos y las flores cuando coronan en verano las plantas y árboles.

Corresponde al verano, y a la etapa del despertar de la sexualidad y el brotar de las hormonas, en la juventud, cuando el crecimiento vertical ha concluido, y la luz está en el punto más alto. Todos los procesos y fenómenos cuando terminan de crecer comienzan a expandirse en todas direcciones y a aumentar su radio de acción en horizontal. Crecimiento horizontal y esférico, máxima expansión.

Esta energía es explosiva, desde el centro hacia afuera; hay un órgano en el cuerpo que hace esto mismo, el corazón y el intestino delgado. Este órgano se activa en verano con el clima caluroso y lleno de luz. Expande la energía vital y la sangre y con ella el *Ki*, por todo el cuerpo, y lo lleva a cada célula y a toda la piel. Nuestra esencia en ésta época no está resguardada en el centro ni en el interior, si no que el *Ki* se encuentra a flor de piel.

Con muchas horas de sol y mucho calor, cuando todo se abre, para adaptarse a una energía tan yang, la vida estalla y saca todo el agua de la tierra fuera para no sucumbir al calor imperante en el medio exterior. Frutas y flores brotan por doquier. Los frutos son llenos de agua y dulces.

Este proceso se relaciona con la época de la expansión de la vida en la tierra, con un montón de especies de todo tipo de animales, inundan el planeta cada día, apareciendo nuevas formas de vida.

Cada verano se activa y al medio día cuando el sol está en lo alto. Se dice que cuando el fuego en nuestra vida está equilibrado estamos alegres y nos sentimos en unión con todo, sentimos amor y conectamos con los demás. Tenemos consciencia corporal y sensibilidad así como brillo y luz propia. Si está en desequilibrio nos volvemos egoístas, nos desconectamos de los demás, nos tornamos egocéntricos, y solitarios, perdemos la capacidad de amar, de agradecer la vida, y nos amargamos sin alegría de vivir. No existe calor humano ni amor en nosotros y no brillamos, nos volvemos grises y apagados. Nos desconectamos de nuestro cuerpo y éste por lo tanto se vuelve rígido, petrificado ante la ausencia de la consciencia en él. Somos incapaces de contacto humano o corporal, y nos quedamos aislados y sin amor. Perdidos en la mente. Que se vuelve calculadora y fría.

Energía Tierra: Resumen, descenso y estabilidad.

A finales del verano podemos notar otro cambio, la energía empieza a disminuir muy lentamente, el sol calienta menos ya que el eje de la tierra se aleja y los rayos entran en menor cantidad. Al entrar menos sol, la savia de los árboles y plantas se recoge hacia su interior, y como consecuencia de ello podemos observar cada año como las hojas de los arboles caen. También comienzan las primeras lluvias, el movimiento energético es ahora hacia abajo. Correspondería a la época de la madurez en la vida. Y las primeras horas de la tarde. Así como la época de las civilizaciones humanas y su desarrollo en el planeta.

Es una vibración de recolección y asentamiento. En el planeta correspondería con la selección natural de las especies, en la cual, unas se asientan y otras desaparecen, aumenta el CO_2 como consecuencia quizá de la actividad humana, y el sol se estabiliza, en una cantidad constante, ya solo expuestos a los cambios que dependan de su mayor o menor actividad. Es de entender que a lo largo de la vida del planeta, numerosas especies y civilizaciones han pasado por estos ciclos, algunas llegando a su ocaso y su fin, y otras transformándose y pasando a "otra forma".

Es un momento de tranquilidad y reposo, después del ardiente fuego del estío. En la historia del planeta esta etapa corresponde a la actividad predominantemente humana, que ha causado la disminución en muchos lugares de la vegetación y la vida, pero se supone que esta actividad llega más pronto o tarde a un equilibrio. Y se estabiliza.

Cuando esta emoción está equilibrada el proceso de la vida fluye de forma práctica y armoniosa, hay un dar y recibir entre nosotros y los demás, sin embargo, en desequilibrio, nos volvemos preocupados en exceso, y la mente, llena de dudas nos paraliza, sin dejarnos realizar de forma práctica y productiva nuestra existencia material. El órgano encargado es el estómago, bazo y páncreas.

En cuanto a la vida personal es la época en que materializamos un asentamiento, nuestra casa, nuestro trabajo, formar una familia, madurar y asentarnos.

Si está sana tenemos autoestima y alegría de vivir, ayudamos a los demás mientras nos ayudamos a nosotros mismos. En enfermedad tenemos ansiedad, necesidad de manipular y controlarlo todo, acumulamos bienes, cosas, personas, sin fluir en la vida nos asustan los cambios y tratando de controlar permanecemos inmóviles quedándonos desfasados con el progreso. Carecemos de autoestima real ni de la capacidad de cuidarnos física ni emocionalmente. Volviéndonos dependientes de los demás y oscilando entre el tirano y la víctima, el mártir, el pobre de mí y el mendigo de amor. Esta energía en desequilibrio es la sede del ego insano y de la mente fatalista.

Energía Metal: Extracción de la esencia y reducción.

Pronto llega la crisis con la disminución de todo, el descenso y reducción de la energía a su punto mínimo.

Las noches comienzan a alargarse, y los días son más cortos, empieza a hacer frío, y todo comienza a contraerse hacia adentro. Fuera la vida desaparece y solo crecen las raíces de los árboles en el interior de la tierra; esta es la época más yang energéticamente hablando, pues todo se contrae para adaptarse al clima que ya se vuelve yin y frío. Todo tiene que llegar a su resumen, a su mínima expresión, es un ejercicio de desprenderse y soltar todo lo que ya no nos sirve. Un momento de limpieza y eliminación, donde nos quedamos con lo más esencial.

Esta es la energía metal correspondiente al otoño avanzado camino del invierno, la misma que en la ancianidad, cuando comenzamos a contraernos ligeramente.

Los cuerpos se encogen supuestamente para facilitar el despegue del alma que se supone que a estas alturas, con toda una vida llena de sabiduría debería ser más grande.

La etapa metal es aquella en la que una civilización mengua y o bien se extingue o bien muta y comienza con otra forma, pero con lo aprendido. Así la vida continúa y este ciclo sin fin, retornaría de nuevo a la energía Agua, que es la de la muerte, o adormecimiento, en el cual, todo parece oscuro y parado, y sin embargo, las semillas de lo nuevo se encuentran ya gestándose en la sombra del reciente final de ciclo.

Esta vibración se corresponde a la última hora de la tarde cuando oscurece y empieza el frío. A la época de la ancianidad, en la que menguamos incluso. Una época de un gran conocimiento espiritual y sabiduría, en la que quitamos todo lo que no nos sirve para quedarnos con lo esencial de nosotros mismos. Aquí intervienen el pulmón y el intestino grueso. En esta parte del clima la sangre y con ella nuestro *Ki*, se recoge y guarda dentro, por ello estamos más pálidos en esta época, y menos participativos con lo externo.

Cuando hay equilibrio en estos órganos existe una capacidad de reflexión y autoanálisis, mirarnos adentro, así como conexión espiritual profunda con el propósito de vida. Somos capaces de materializar nuestros sueños, y hay autodisciplina y alegría interna en las pequeñas cosas de la vida. Sabemos poner límites. Pero si no lo hay, existe la desconexión, la tristeza, la falta de metas y de orden y disciplina. La capacidad de autoanálisis es nula, así como las metas y la capacidad de materializar. No existe alegría interna y puede degenerar en abandono, soledad y depresión en los casos más graves.

CONCLUSIONES FINALES DEL CAPÍTULO RESPECTO A LA SALUD

Una vez explicados las cinco transiciones de la energía os contaré que a mi entender y en mi experiencia este ciclo nos afecta más de lo que creemos y es fácil con una simple observación de nuestro entorno constatarlo.

Por ejemplo, en cuanto a efectos de esto en la salud, podemos enumerar algunas pautas a observar, de manera que podamos ir integrando este fluir natural de la energía y los ciclos naturales en nuestra vida. Ayudándonos de él podemos elegir, decidir, y colocar nuestra vida a su favor, saliendo favorecidos y fortalecidos con ello, y no justamente al contrario, debilitándonos y enfermándonos.

Resumiendo:

- **En invierno:**

Se activa el aparato genital y riñones, podemos ahora si estamos atentos verificar a nuestro alrededor, como en personas débiles de riñón aumentan los problemas de infecciones renales, cistitis, subidas de tensión arterial y en un plano más mental y emocional, pesadillas, nocturnas y miedos en los niños.

Pues la emoción que producen estos órganos cuando están mal es el miedo y si están fuertes y equilibrados, el valor y la confianza en la vida.

- **En primavera:**

Decimos que la sangre altera, vemos a todo el mundo con desequilibrio en el hígado, con enfados, ira. Este órgano controla la creatividad, la paciencia y flexibilidad, y en su vertiente negativa, la crítica, la ira.

Los problemas de hígado, tanto en personas como en animales, suelen revelarse en esta época.

Cólicos biliares, cirrosis, contracturas, lumbalgias, alergias diversas, colesterol, problemas de vesícula...

- **En verano:**

Se activa el corazón y el intestino delgado, la alegría, la empatía, o por contra el odio, el egoísmo, la crueldad, podemos constatar el gran número de infartos que se producen es esta época del año, y también diarreas intestinales.

Dicen que es por el calor, efectivamente el calor es una energía que hace trabajar y activa al corazón y impulsa al intestino delgado a liberarse de la flora putrefactiva del invierno, que aumenta la toxicidad de la sangre y nuestro calor interno, para adaptarse.

Al igual que el frío lo hace con el riñón y la primavera con el hígado.

- **A finales del verano:**

Comenzamos a observar los primeros síntomas de tierra, hipoglucemias, pancreatitis, estomagos que duelen, diabetes, gastritis, vómitos, ansiedad, preocupación excesiva, manías, todos estos problemas son típicos del elemento tierra en desequilibrio. Ansiedad, al ser incapaces de bajar la energía hacia el centro.

En esta época del año, inicio del otoño, la energía de los árboles se encuentra en su tronco. La savia que antes se encontraba en las hojas y frutos llenando el árbol de vida y verdor se desplaza un poco hacía abajo al disminuir la temperatura y esto hace a las hojas caer.

La emoción positiva es la dulzura, la paz.

- **Por último en el otoño:**

Es cuando surge la emoción de la tristeza, en desequilibrio, de intestino grueso y de pulmón; aquí los órganos no están más abajo sino detrás y más profundos en el cuerpo, es la zona más yang. Más interna. En el otoño la sangre, que en verano estaba a flor de piel, se refugia en los órganos más internos, buscando la conservación del *Ki*, y nos quedamos más fríos y pálidos. Menos sensibles al roce y las caricias. Es de hecho un buen momento para regresar a nuestro interior y estar con nosotros mismos. Como una leve hibernación, para resurgir con más fuerza en primavera.

En estos momentos suelen aparecer las pulmonías, neumonías, la enfermedad de Crown, y las personas con cáncer de pulmón o intestino suelen fallecer en esta época.

• En el invierno:

De nuevo pesadillas, dificultad para dormir, diálisis, y problemas renales... vuelta al principio.

Si estáis atentos ahora que conocéis este ciclo podréis comprobar fácilmente en uno mismo y alrededor escuchando a los demás la exactitud y veracidad de estos ciclos que afectan a los órganos, a su funcionamiento, y a nuestra salud.

Este enfoque está basado en la medicina tradicional china y antiguas teorías taoístas que a su vez eran producto de años de atenta observación de la naturaleza.

Ningún médico occidental, o doctor dará crédito a esto ni habrá escuchado hablar de ello. Los que controlan los libros que estudian los médicos ya se ocuparon de dejar estos libros fuera del vademécum médico, me refiero al libro de medicina del Emperador Amarillo. Probablemente las mismas fuerzas que causaron la quema de la Biblioteca de Alejandría, en cuyos tomos se perdieron, miles y miles de conceptos sabios del mundo antiguo.

En fin, el consuelo es que sin embargo, basta la simple observación para empezar a entenderlo y descubrirlo. Durante años de clases he recibido el asombrado y feliz *feed back* de mis alumnos, descubriendo continuas pruebas de lo que aprendían en mis seminarios, cuando simplemente hablaban en los consultorios médicos, o con los vecinos. Comprobándose que las estaciones y la energía afectan a la salud, y a los órganos, y sin embargo, la medicina convencional occidental no tiene nada de esto en cuenta.

Por mi parte, considero que viven dentro de un cubo mental de paredes estrechas, y poca luz, donde si salieran y miraran, tendrían que derrumbar demasiadas cosas; por ello, prefieren cerrar los ojos y continuar en la ignorancia, dando palos de ciego.

En una ocasión diagnostiqué un problema del gato de mi hermano en el hígado, con sólo verle, y tener en cuenta la estación cambiante en que se había iniciado el problema. Hicieron falta varios análisis bastante caros, por parte del veterinario, para verificar y confirmar el diagnóstico que yo misma, y siendo aún estudiante de Macrobiótica, le había dado a mi hermano. El gato tenía un problema en el hígado. Dijo el veterinario sin más, tras los análisis. Me sonreí.

Conocer este ciclo que te he compartido aquí, sin duda será una ayuda para equilibrarte y muchas veces auto-diagnosticarte y equilibrar tu propia comida.

Basándose en estas leyes los taoístas clasifican los alimentos en cinco categorías, y tienen desarrollada toda una alquimia curativa a través de ellos, pues como es lógico, la naturaleza en cada época produce alimentos con la vibración adaptada y equilibrada para esa energía, y comiendo normalmente estos alimentos y siguiendo los ciclos naturales de la vida de las plantas, ayudamos a fortalecer los órganos que corresponden. Pero sobre todo evitando los alimentos de energías opuestas, y ayudando a nuestro cuerpo, si somos capaces de mantener un buen balance y equilibrio.

Cuando hablo de equilibrio, estoy hablando también de la parte emocional de cada órgano, y cómo esto afecta en nuestro día a día. Al final de estas páginas encontrarás un apéndice con esta información para que pueda serte de utilidad y mejores tu condición y tu vida.

CAPÍTULO 6
¿ES POSIBLE LA MAGIA?

¿Qué ha pasado en nuestros días, por qué estamos tan lejos del equilibrio hoy?

En la antigüedad era más sencillo estar equilibrado, recordemos que hace unos cincuenta años, en cada época predominaba un cereal, un tipo de verdura y fruta y unas legumbres.

Entonces las personas se alimentaban con un orden lógico, en su mayoría estaban sanas, equilibradas. El trabajo principal de la mayoría era para conseguir la comida y el sustento de la tribu. Estaba adaptado al clima y al ciclo del año. El propósito principal de hombres y mujeres era preservar la subsistencia de la población, y disfrutar de la vida, cuando no había trabajo. Esto poco o nada tiene que ver con el sistema productivo con horarios fijos, en base a vender nuestro tiempo por dinero que tenemos hoy. En lugar de producir y luego descansar y disfrutar. En los trabajos de hoy día está mal visto descansar o disfrutar cuando no hay trabajo. Parece que el empresario que nos contrató perdiera dinero si estamos felices, sin producir en espera de que llegue a nosotros más trabajo. Esto no siempre fue así. El trabajo en el campo era sin duda más duro a nivel físico, pero a la vez mucho más saludable a nivel espiritual y humano.

Por lógica, si hubieran tenido el índice de enfermedad que tenemos hoy en día, la humanidad simplemente no hubiera sobrevivido. Recordemos que no tenían antibióticos, ni antiinflamatorios, ni la cirugía estaba tan avanzada como hoy día. Había muchas menos comodidades en las casas, y muchos menos médicos y enfermeras también.

A menudo, cuando el cuerpo se desequilibraba lo único que se podía hacer era ayudarle a descargar y equilibrarse. ¿Cómo?

Dejándole descansar, dándole calditos suaves de verduras, que limpian y aportan minerales y vitaminas. Hidratando si había fiebre, enfriando con compresas la frente para evitar que la fiebre dañara el cerebro. Y pronto la mayoría de las personas se restablecían. Otras no lo lograban, claro.

Tenemos que pensar que somos muy parecidos a un árbol.

El árbol, toma sus nutrientes a través de sus raíces enterradas en la tierra, y luego su savia sube impulsada por la energía yin, de la tierra hacia arriba, y al llegar a las ramas, en una alquimia mágica con la luz del sol, brotan las hojas; así el árbol se relaciona con la luz y la tierra en un perfecto equilibrio en un ciclo de retorno sin fin; de esta forma se materializa aquí y prospera.

Nosotros no diferimos mucho de él a nivel energético.

- **Nos conectamos con la tierra a través de los intestinos, pues es en ellos que absorbemos los nutrientes, los alimentos, verduras, semillas y raíces que salen de la tierra.** Desde allí los extendemos a nuestro sistema nervioso.

- **Y a través de este sistema nervioso nos relacionamos con el mundo de la vibración, el color, el sonido, el pensamiento, y la luz que recibimos del sol y de las demás estrellas.** Si estudiamos astrología podemos ver que cada estrella afecta a todo el cosmos, y es portadora de un tipo de información, que afecta y ha afectado a múltiples sucesos planetarios en la historia de las civilizaciones de nuestro mundo. De ahí toda la mitología de los dioses, Marte, como portador de la guerra, Venus del amor, etc.

El hombre ha ido pasando por diversas edades o eras, cuyas características parecen condicionadas o influenciadas, por las constelaciones y estrellas que brillaban en la cúpula celeste.

Ahora estamos en un momento en el cual, la física está avanzando, y la medicina, y descubriendo cosas que harían temblar el mundo que hoy conocemos de poder aplicarse, el problema es que aún no están aceptadas ni integradas en lo "oficial"; sabemos que a lo largo de la historia ha costado bastante que el "establishment" aceptara lo nuevo. Sin ir más lejos recuérdese a Galileo, con su teoría de que la tierra era redonda y no el centro del universo, sino que se desplazaba alrededor del sol. Fue obligado a retractarse, y se dice que al morir dijo la famosa frase: "Y sin embargo se mueve".

No obstante, hoy día, gracias a internet y a un grupo de personas visionarias y abnegadas, estos conocimientos están al alcance de todos, y podemos empezar ya a aplicar sus conclusiones a nuestras vidas. Con cambios de paradigmas y revoluciones vitales increíbles. Entre ellos podría nombrar a Gregg Braden, Nassim Haramein, Joe Dispenza, Jean Paul Garnier Malet, y un largo etcétera. Todo ellos en YouTube doblados o subtitulados al castellano. En mi canal de YouTube podréis encontrar explicaciones sencillas de cómo estas teorías pueden implicar cambios impresionantes en la forma que vemos el mundo.

Aquí voy a contaros algunos experimentos en los cuales me baso para afirmar que todo es energía y que este cambio en la alimentación y en nuestra consciencia va mucho más lejos de lo que podemos imaginar.

PARADIGMAS NUEVOS PARA CREAR VIDAS NUEVAS

El experimento de la doble rendija

Que nos habla de cómo la consciencia inteligente está en todo. O bien que todo está unido entre sí.

Numerosos estudios físicos recientes de lo cuántico han

demostrado diferentes realidades, todas ellas sorprendentes, que plantean nuevos paradigmas y hacen tambalearse nuestros, hasta hoy, materialistas sistemas de creencias.

Voy a explicar alguno aquí en un lenguaje poco o nada riguroso, para que pueda ser comprendido por aquellas personas sin estudios de "ciencias físicas", y pido disculpas de antemano si peco de simplificar demasiado las cosas para los expertos en la materia.

Aqui te dejo un Link al vídeo donde explico el experimento de la doble rendija y sus implicaciones en nuestra forma de ver la realidad.

www.dianalopeziriarte.com/recursos/experimento-doble-rendija

En un átomo o cualquier sistema de partículas elementales organizado, cada una de estas partículas, como el electrón, puede estar o presentarse en dos formas, en su forma energética o en forma de partícula o corpúsculo. En su forma energética, tendríamos una onda extendida en el espacio, sería algo así como un fluido, como el agua, su comportamiento es ondular en el espacio, sin tener una posición fija, sino más bien un conjunto de posibilidades de posición extendidas. En su forma de partícula, se comportaría como una canica, con una posición fija y ocupando un lugar concreto.

Bien, ahora si lanzamos por una pared con una abertura y vemos que refleja en la otra pared, vemos que el agua, el fluido, nos da un patrón de resonancia, una serie de ondas que dibujan esta imagen, una serie de líneas rectas.

Las líneas son las zonas en las que la cumbre de la onda choca, las zonas en blanco donde las ondas se anulan con otras y no hay choque.

Este sería a *grosso* modo, el comportamiento de una onda energética.

Pues bien, si lanzamos ahora electrones por la abertura, el dibujo sería una sola línea, la línea reflejaría la zona en la que el electrón o los electrones penetran y la parte en blanco donde no entran electrones.

Podemos ver que la partícula electrón se comporta si tiene una sola ranura como una canica, es decir en su forma material.

¿Pero qué ocurre si le ponemos dos ranuras? Esto fue lo que hicieron los que realizaron este experimento, el cual puedes encontrar en Youtube como el "experimento de la doble rendija".

El resultado es aquí sorprendente, porque si le colocamos una segunda ranura, el electrón, ante la posibilidad de pasar por una rendija, pasar por las dos o por ninguna, se comporta como una onda de energía, pasa a su modalidad de energía y hace un patrón como si fuera un fluido, es decir pasa a su forma cuántica de múltiples posibilidades. El mismo electrón hace todas ellas a la vez. Al principio pensaron que era porque chocaban unos contra otros y hacían como si fuese un fluido, pero los lanzaron de uno en uno y aún así se comportaban como una onda energética y no como una partícula. Es decir, un único electrón se comportaba como una posibilidad de múltiples posiciones, dejaba de ser una canica y pasaba a ser energía.

¿Cómo y por qué hace esto una partícula subatómica?

Ante varias posibilidades el electrón optaba por comportarse como energía y no como partícula.

Entonces los físicos quisieron ahondar en el experimento, y ver que ocurría realmente, y colocaron un aparato para ver exactamente por donde pasaba el electrón y como hacía ese patrón.

Entonces ocurrió lo impensable, algo que conmovió profundamente por sus implicaciones los mismos fundamentos de la física.

El electrón al ser observado volvió a comportarse como una canica. Es decir, que el hecho de querer observarlo lo hizo materializarse en una partícula visible y medible. Una sola de las posibilidades de las múltiples a las que accedía como onda energética en la ausencia de observador alguno.

Es decir, la materia con observador se comporta como materia, sin observador como onda de energía de múltiples posibilidades.

¿Podría esto implicar que nuestra realidad se materializa cuando la observamos?

¿O bien que aquello en lo que ponemos atención tiene a materializarse?

Resumiendo esto quiere decir que la mera "intención" de observar algo hace que ese algo se materialice. Entre otras implicaciones todas ellas bastante profundas.

Vemos aquí muy claramente cómo la "conciencia" o la "intención" de querer ver algo actúa sobre la energía multiprobabilística y hace que se decida por esa opción.

Ello demuestra una de dos cosas. A cual más misteriosa:

- O bien la consciencia está en todo y lo "entiende y procesa".

- O bien, estamos de alguna manera invisible por nosotros unidos a todo.

La una no excluye a la otra. Puesto que creo que las dos son ciertas. Partiendo de la base de que el "vacío", el cual nos dijeron que era nada, resulta que está lleno. Y no sólo lleno, si no que su densidad es tan grande, que los físicos la desestimaron, por no saber cómo conjugarla con todo lo demás. Nassim Haramein. Estructura del Vacío. YouTube.

Posteriormente a este experimento, el cual podéis ver en la película: *Y tú que sabes*, tenemos numerosos experimentos en sistemas de partículas con aceleradores de partículas, en los que, en el mismo sistema un numero de físicos ha verificado cada uno exactamente lo que buscaba. Dando múltiples resultados diferentes.

Entonces uno se pregunta si para cada uno hay una realidad diferente manifestándose, ¿cuál es la realidad común?

Posteriormente ha habido numerosos estudios sobre el poder de la intención, lo cuales podéis leer en el libro *El poder de la intención*, Lynne McTaggart. Existen una multitud de experimentos utilizando la intención consciente para obtener resultados influyendo sobre los mismos, tratando de influir en sistemas al azar, como generadores de ceros y unos, y se han verificado varios resultados.

Experimento del "entrelazamiento" de todo

- Los electrones están unidos en parejas, en las cuales uno gira a derecha y otro a izquierda; a esto se le denomina spin, de manera que el conjunto siempre está equilibrado. Una nueva prueba del equilibrio yin y yang, si estos electrones se separan a kilómetros de distancia, y en un momento del tiempo cambiamos el giro de uno, vemos que el otro en ese mismo instante cambia a su vez, de forma que el sistema siga siendo equilibrado. Exactamente como si siguieran unidos por algo invisible. Parece que existe en ellos una intención inicial que los hace seguir conectados. Este es el principio del "enmarañamiento" cósmico de todo, que hoy día forma parte del nuevo paradigma. Es decir todo está unido. Somos un todo, una unidad.

- Si lo deseas aquí tienes otro link a un vídeo explicativo del principio de entrelazamiento.

www.dianalopeziriarte.com/recursos/principio-entrelazamiento

- Por otro lado, vemos que en este universo no es posible cambiar nada sin que algo se modifique en otro lugar.

Este concepto es más importante y de peso de lo que pudiera parecer, pues estaría indicando que por mucho que cambiemos cosas en el planeta y queramos desequilibrar sus leyes, no vamos a cambiar, nada, pues todo cambio genera una reacción de la misma magnitud en la dirección opuesta, de forma que se restablezca finalmente el equilibrio inicial.

Aquí se nos acaban los temores al cambio climático, y a los efectos del hombre en la tierra, pues prácticamente todos los desequilibrios que generemos tienen un impacto y van a ser equilibrados tarde o temprano. A la vista de estas teorías es de esperar que si calentamos la tierra esta buscará enfriarse, si la contaminamos se limpiará, y al final incluso puede que la solución, si nos alejamos del orden que permite la vida del planeta, pase por eliminarnos a nosotros mismos como especie no apta para la vida. No obstante el planeta, seguirá su curso. *A veces hablamos de salvar o proteger al planeta, no hay ningún planeta en peligro, somos nosotros y nuestra civilización la que puede no ser apta para el progreso del planeta y la vida.*

Cada violación del ciclo de la vida que hoy hacemos tendrá y tiene su factura a cobrar, pronto o tarde.

Así, por ejemplo, hay quien dice que si se deshielan los polos, por generar nosotros un aumento de la temperatura del planeta, cosa que aún es discutible, ya que dicho aumento podría deberse al aumento de la actividad solar, aún están por ponerse de acuerdo, los científicos. Este aumento de agua fría en los océanos, enfriaría la corriente del golfo, que es un ciclo de agua fría que baja al ecuador y allí se calienta y vuelve a subir; esta corriente forma parte del ciclo vital de numerosos sistemas y animales.

Si esta corriente se enfriase no habría diferencia de temperaturas, y la corriente podría detenerse, dicen algunos expertos en sus conclusiones. En ese caso, todo el agua templada que sube calentando Europa no lo haría y toda esa zona se congelaría, vemos como un exceso de calor termina por generar frío.

En el cuerpo humano funciona también así generalmente, cuando vemos una persona con frío en exceso en el riñón, normalmente hay un exceso de calor en otras zonas, por ejemplo, el corazón está caliente, o el hígado.

El planeta es un ser en equilibrio y no podemos cambiar eso, como un organismo reaccionará para salvar su integridad y volver a su equilibrio.

Con la contaminación del plantea y del agua, con la industrialización de los alimentos, y la producción masiva de animales a costa de litros de agua y de cereal para alimentarlos, produciendo cultivos y animales en grandes cantidades, para poder alimentarnos con la dieta actual, hiperprotéica, lo cual constituye un derroche de recursos, agua y energía, lo que se está logrando es un aumento de la mortalidad, una disminución de la fertilidad, un aumento del cáncer y enfermedades, lo cual acorta nuestras posibilidades de seguir haciendo daño al planeta sin caer antes nosotros como especie. Todo se equilibra.

Es un hecho que la edad de mortalidad está volviendo a descender, y que aumenta el cáncer infantil y las cesáreas, así como el índice de infertilidad de la especie humana. Este índice está alto, como nunca antes lo había estado, es evidente a todo buen entendedor que nuestra adaptación a la vida disminuye en tanto implantamos estos métodos antinaturales y nocivos de vida.

Hoy día, aunque nos cueste mirarlo de frente, somos una especie contaminada, intoxicada y cuya adaptación a la vida está en serio peligro. Aun así algo grande en nosotros, la consciencia, pugna por trascender todo esto, por avanzar, por cambiar y seguir avanzando. Ya que ése es nuestro propósito como especie, evolucionar.

Es imposible, queramos ser conscientes de ello o no, hacer daño al mar, a los animales, al aire o al planeta, sin herirnos a la humanidad, y sin que la pedrada tarde o temprano nos caiga en los ojos.

Cuando antes entendamos que somos la tierra, y la tierra está en nosotros, y nos volvamos a sentir parte de su ciclo y a conectarnos, mucho mejor para la especie humana.

Ya que, por otro lado, cuanto mayor sea el desequilibrio generado, de mayor fuerza y envergadura será el pago.

En la tierra hay abundancia de energía, aire, agua, cereal y verdura para que todo el mundo pudiera comer, y vivir sin carencias.

El planeta es un organismo vivo en el que la vida brota porque es su naturaleza.

Si nace un ser, es porque hay sustento para él. De otra forma sería como pensar que en nuestro cuerpo nacieran células por error en demasía y hubiera que sacrificarlas o dejarlas morir por falta de sangre para ellas. Si en nuestro cuerpo todo está medido y pesado, y nacen las que tienen que nacer y hay alimento para todas y cada una de ellas, es de pensar que en la tierra ocurre igual.

Recordemos que el microcosmos y el macrocosmos coinciden en su funcionamiento, según hemos estado viendo anteriormente. Entonces, si nosotros no nos dedicamos a acumular sangre en un brazo para usarla cuando falte, mientras el otro brazo se gangrena y muere por que no le llega sangre. Si nuestro cuerpo se encarga de todas y cada una de ellas, a lo largo de todo su ciclo de vida (salvo en el caso del cáncer), y nacen exactamente las que tienen que nacer.

¿Por qué pensamos que el planeta no puede alimentar a toda la humanidad?¿Cómo es que aceptamos esta premisa tan fácil y relajadamente?

Por qué hemos aceptado tan fácilmente la mentira de que somos demasiados, y por ello hay niños muriendo de hambre y desnutrición. Lo hemos admitido, hemos crecido con la imagen de esos niños, afectándonos en la consciencia, desde pequeños, con un sentimiento de culpa inconsciente fomentado por nuestros adultos cuando no queríamos acabar el plato, pero, sin embargo, aceptando esta injusticia y consecuencia de un sistema corrupto, desde su base, como la única realidad posible.

Es decir, nos sabemos y sentimos culpables. Con toda la toxicidad que el peso de una culpa inconsciente tiene en nuestras vidas. Pero, sin embargo, no hacemos nada, ni siquiera cuestionarnos si hay otro camino y dónde empieza éste.

Siempre he creído que la verdadera ecología y consciencia planetaria comienza en nuestros sistemas digestivos. En aquello que elegimos para comprar y comer a diario.

Me bastó ver un documental sobre cómo las casas de hamburguesas fomentaban la tala de las selvas, para no volver a pisar una hamburguesería masiva en años.

Esta es una creencia que a lo largo de la vida siempre me ha incomodado: *somos demasiados*, me decía mi madre con cara de pena, justificando así que para que yo comiera y viviera esos niños de África tenían que morir de hambre. Me daba una inmensa rabia y frustración. Me hacía sentir culpable aunque no veía la relación entre esos niños y mi plato de lentejas no acabado. Desde muy pequeña, por suerte, he sido inmune a la culpa, por las características de mi ser; responsable sí, culpable no.

Ya que de todas formas yo no sabía cómo podría hacerle llegar esas lentejas sin que se estropeasen. Era una reacción humana de rebeldía, ya que en el fondo sabía que realmente la tierra sí da para que vivamos todos. Solo que igual no puede satisfacer la avaricia de unos pocos o los lujos excesivos de otros tantos, y eso es lo que estamos permitiendo, cerrando los ojos a la realidad.

¿Por qué hemos elegido pensar que el 95% de la humanidad es un error y tiene que morir de hambre?

¿Qué tipo de locura colectiva nos ha hecho llegar aquí? Y, lo más importante, ¿a qué esperamos para salir de ahí?

Con el cereal y el agua que se utiliza para generar carne que solo alimenta a los países ricos se acabaría el hambre en el mundo, y aún hay quien se pregunta ¿qué razones hay para volverse vegetariano? O, al menos, reducir drásticamente el consumo de carne y huevos. No hablo de eliminar, sino de equilibrar; por supuesto el vegetarianismo es una forma de contrapesar la descomunal tasa de consumo de carne de nuestros días nunca antes vista en otras civilizaciones. Sin un extremo, el otro tampoco sería necesario. De nuevo hablo de la vía del centro, de equilibrio y sentido común.

Este desequilibrio en que estamos es un auténtico crimen contra la vida y el progreso del planeta, y enturbia y mancha nuestras conciencias individuales, porque como energéticamente somos uno con la tierra, la mancha vibracional de todo ese dolor, nos afecta. Nos impide ser felices a un nivel muy íntimo.

Estoy convencida que estamos entrelazados con cada ser humano que pisa el planeta, y que todo lo humano, incluso lo planetario, nos incumbe a todos. Exactamente como lo están las células de nuestro cuerpo.

- Quizá no podemos hacer mucho, pero quizá muchos pocos son mejor que un gran nada.

- Tal vez basta con extender la idea de que todo no tiene por qué ser así. Tal vez baste con ir extendiendo ideas nuevas.

- Con ir cambiando ciertos hábitos, y con ir despertándonos y ayudando con cuidado y cariño a otros a ver. Sin obligarles por supuesto.

- Tampoco creo en activismos brutales a favor de puntos de vista radicales, ya que solamente crean la reacción contraria. Y siguen constituyendo una reacción extrema de desequilibrio por compensación.

- Parece que los animales y las especies solo importaran a unos pocos, mientras el resto viven ajenos al planeta y los seres que lo comparten y forman.

- Me pregunto qué valores "reales" se están por tanto enseñando en las escuelas, y en los medios.

- Y quién los elige como valores.

- Cada vez tenemos más cosas, y sin embargo hay más enfermedad, vacío interior, problemas, estrés, ansiedad, depresión, suicidios.

Yo pienso que todo esto está constituyendo un enorme peso para la "salud" de la humanidad y para su evolución.

El camino de la supervivencia de la humanidad pasa por subsanar este enorme desequilibrio. Recientemente se supo que para salvar a la banca se habían usado diez billones de dólares, unos pocos días después en una cumbre sobre alimentación se dio la cifra actual para acabar con el hambre en la tierra. Eran solamente 54 millones de dólares, curioso, si comparamos estas cifras vemos que realmente se podría, usando la segunda, acabar con el hambre durante mucho tiempo.

Sin embargo, con todo lo expuesto anteriormente, tengo que terminar por decir que no hay ninguna lucha que hacer, ni ninguna batalla que ganar, es solo desde nuestra importancia individual, como células, de este ser que es el planeta, que podemos cambiar las cosas.

La naturaleza es abundante y no escasa, como nos hemos "creído" en el paradigma actual.

Sanándonos, equilibrándonos cada uno, enseñamos y contagiamos con nuestra forma pacífica y amorosa de estar en el mundo, a los de alrededor. Además hay que extender y compartir esta información con todo aquel que desee informarse.

Uno a uno, podemos cambiar las cosas, hasta que tal falta total de conciencia y de amor sea inaceptable y se corrija por sí sola, tan solo volviendo al orden natural de las cosas. Hay mucho que hacer. Si el sistema educativo no promueve el amor a los animales ni a la naturaleza, tal vez podemos hacerlo nosotros con iniciativas voluntarias, o con nuestros hijos y sobrinos.

Es curioso saber que con solo el 5% de la riqueza de las personas más ricas del mundo, y son apenas doscientas personas, o familias, se acabaría el hambre en el mundo.

Parece sencillo, pero no se está llevando a cabo. ¿Quién ha decidido que esto sea así? Da igual, porque los que con nuestra aceptación a ignorancia del problema, lo aceptamos y perpetuamos, somos todos; cuando nos callamos, cuando no somos capaces de "salir del armario" y ser realmente quien somos, decir lo que sentimos, y ser auténticos desde el corazón con nuestras razones y ejemplo.

Bajo mi punto de vista, uno de los secretos más importantes que descubrí está en el cereal, entre otros cambios.

- El cereal nos obliga a estar en armonía, el cereal nos conecta con la tierra.

- El cereal pone a la tierra en nosotros y abre nuestra mente y nuestro corazón. Yo lo he experimentado en mí y visto en otros, no te pido que lo creas, comprúebalo.

Introdúcelo en tu vida, en grano entero, integral; reduce los huevos y la carne y aumenta el equilibrio de cereal, reduciendo harinas; pronto, muy pronto verás cómo te sientes llamado a vivir con propósito y a ser parte del todo.

Tal cual: mágico. Tan mágico como lo cuentan los Hopi o los Queros.

De hecho si comiésemos más cereal, y menos alimento procesado y animal, habría alimento de sobra para todos, energía y petróleo. Esto, sin tener en cuenta que otras formas de energía aparte del petróleo podrían estar disponibles ya, si no fuera por los intereses del petróleo y la banca. Además estaríamos más relajados y espirituales si comiéramos menos carne. Este tipo de alimento tiene una energía muy densa, que fomenta el materialismo, ya que cierra los canales de energía del organismo, y bloquea los propósitos más importantes en cuanto a felicidad y realización del alma. Ni siquiera hablo de quitarlo, reducirlo es suficiente ya para un cambio. En tanto todo se transforma.

Todo sería más sencillo, con otro tipo de alimentación. Existen pruebas de sociedades así ya en el planeta. Los "Hunza" son unos de ellos. Una tribu que ha tenido la suerte de evolucionar por libre, ajena al devenir del "progreso". De nuevo cito el libro *Que tu alimento sea tu medicina*. Pero podéis encontrar información sobre ellos en internet. No tienen guerras ni criminalidad, son pacíficos y felices, y se mantienen jóvenes durante muchos años.

Sería interesante que, a fin de ahorrar agua y recursos, se implantara una alimentación más natural, y esto llevara a una humanidad más justa, pacífica y feliz.

Es mi sueño, no dejo de decirlo. Volvamos a lo vivo y a lo natural, con amor… no con rigidez. Aceptando y amando lo que ahora hay como primer paso para transformarlo. Y no juzgándolo y luchando en contra.

- Es la información de lo que pasa y cómo afecta lo que nos llevará a tomar las decisiones adecuadas en el futuro.

- Ha sido la ignorancia del orden y el desconocimiento lo que nos ha llevado al caos y la desorganización de recursos que hay hoy en día.

- Pongamos orden en nuestra sangre, en nuestras prioridades, y en nuestra vida… y la vida se ordenará por sí sola.

- **El punto más potente además de todo esto que descubrí, es que cuando te sanas, deseas ser feliz, deseas vivir en un mundo feliz.** Cuando te ocupas de ti, empiezas a ocuparte de tu entorno. Y sobre todo, cuando te reconectas con la tierra, con el Amor y con tu plan y propósito en la vida, tanto el tuyo personal como el que tenemos como humanos todos, entras en sincronía con el alma del planeta, y con la danza de la vida.

- Es entonces cuando esta magia de las partículas, esta conexión "cuántica" se activa, y empiezan las sincronicidades.

En tu vida se activará tu cambio, a favor del todo, y empezará la magia. Te va a parecer sorprendente lo que sincrónicamente puede ocurrirte, cuando fluyas a favor de la vida en mayúsculas.

La respuesta es sí, la magia existe y su nombre es Amor en tu corazón.

CAPÍTULO 7

LA HISTORIA DE MI DESPERTAR. COMO LA ALIMENTACIÓN ME SANÓ

Acabo de contarte un montón de ideas que aprendí y me ayudaron a ser diferente. Ahora quiero contarte como ocurrió este proceso. Lo que sigue ahora lo escribí en el año 2013, en un momento de inflexión de mi vida en que retomé este libro para terminarlo; no ha sido hasta ahora, el año 2016, casi 2017, que lo termino. El libro lo comencé hace casi diez años. Requería que completara totalmente el proceso de empoderamiento y realización en el que me encuentro en este momento para poder ser potente, y ayudar a otras personas a realizar sus cambios. Quiero que sepas que ha tenido varias fases. He ido profundizando, como quitando capas y capas de miedos, y ideas que me frenaban. Aquí te dejo el pedazo de una de esas capas hace tres años, cuando de nuevo mi vida dio un importante giro.

Abril 2013: *Me encuentro en estos momentos en casa iniciando un cambio importante. He puesto una olla de arroz integral ecológico en el fuego porque voy a hacer una mono-dieta de arroz durante diez días, deseo aclarar mi mente, y disponer de la mayor cantidad de luz y energía disponible posible de cara a que esta transformación sea fructífera. Parte de las nuevas acciones de este cambio, consisten en terminar* *este libro por fin y tomar decisiones importantes nuevamente. Parte de las decisiones tienen que ver con dejar relaciones tóxicas, que mantengo por miedo a la soledad, y enfrentarme a la soledad. Darme la oportunidad de ser quien siempre fui. Ponerme de mi parte y luchar por mis sueños.*

Ahora voy a contaros cómo he vivido el proceso de descubrimiento y cambio más importante de mi vida, y que ha marcado un antes y un después, desde el comienzo hace unos trece años más o menos.

Encontré la macrobiótica al asistir a unas charlas alternativas, de un centro nuevo que abrían en Aranjuez.

Cuando la descubrí tenía 33 años, vivía en Villaconejos, un pequeño pueblo en las afueras de la comunidad de Madrid, tenía un niño de tres años de edad y me dedicaba casi exclusivamente a cuidar de él y de mi marido. Por aquel entonces aún estaba casada.

La alimentación consistía mayoritariamente en carne, verduras que encontraba en la frutería del pueblo, lácteos, embutidos, bollería industrial y azúcar blanco, pasta blanca y algo de pescado.

Con todo esto que comía cuando empecé a comprender la energía de los alimentos, tenía 32 años, disfrutaba de una fibromialgia incipiente, artrosis degenerativa, según dijo mi médico "demasiado avanzada para la edad", fuertes migrañas, y colon irritable.

Todo eso era producido mayormente por el exceso de proteína animal, que mi cuerpo no asimilaba, y el azúcar blanco. Los medicamentos que tomaba casi a diario para aguantar esos dolores variados me provocaban cólicos empeorando aún más mi salud general.

Apenas tenía ganas de hacer el amor y mis emociones y sensaciones estaban muy adormecidas.

Mi estado de ánimo fluctuaba entre rabietas iracundas y depresiones incontrolables. Tenía pequeños momentos eufóricos de alegría y tranquilidad relativa, que duraban poco. Todo lo externo me afectaba enormemente, no había en mí estabilidad ni centro. Ni poder alguno en mi forma de sentir o estar en el mundo.

Mi vida era una existencia sin sentido ni propósito, y en mi interior el único horizonte que veía como posible era la enfermedad y la vejez.

Me preguntaba si con 30 años estaba así de dolorida, cansada y enferma por las mañanas, como llegaría a la edad de mi madre, que, por aquel entonces tenía 65 años, y recientemente había empezado a sufrir fibromialgia, y fuertes dolores. Todo ello causado por la descalcificación y desmineralización que le proporcionaban los diuréticos que tomaba para controlar su hipertensión. (Los cuales a día de hoy le han llevado a la diálisis finalmente).

Por suerte para mí, en aquellos momentos y casi sin ser muy consciente de lo que los necesitaba, llegaron a mi vida unos conocimientos ancestrales y una sabiduría milenaria con gran sentido común.

Ni siquiera fui a buscarlos conscientemente, pues para mi forma de verlo, yo no estaba enferma y lo que me ocurría era "lo normal", lo esperable por la edad y por la genética.

Otra sutil forma de engañarnos y dejarnos paralizados, el determinismo genético. **Cuando la nueva biología está descubriendo que es justamente el medio ambiente el que afecta y modifica el ADN, y no al revés.**

Tampoco es algo que ocurra por azar ni de forma caótica, sino respondiendo a unos fines conscientes y evolutivos muy claros.

El cambio realizado consistió básicamente en:

- Quitar, la carne, el azúcar blanco, toda la comida industrial y procesada y los lácteos.

- Incluir en mi dieta arroz integral, y otros cereales en grano ecológicos, que antes eran inexistentes para mí. Incluí también verduras de la zona y de temporada, siempre que podía biológicas, y algo de pescado y algas eventualmente.

- Gomasio y semillas así como frutos secos. Y fermentados naturales, como la salsa de soja, el miso y algunas verduras tipo chucrut.

- Es decir, productos saludables y alcalinos, llenos de nutrientes y procedentes de la tierra sin apenas procesar ni manipular.

Los efectos inmediatos fueron:

- Las jaquecas desaparecerían por completo en menos de un mes y hasta el día de hoy, 2016, no he vuelto a tener ninguna.

- Los dolores y la fibromialgia en el primer mes comenzaron a descender y en medio año ya no había rastro de ellos, pues hubo una mejoría muy destacable desde el primer día que dejé la carne y el azúcar.

- Al dejar de tomar medicamentos periódicamente, tampoco volví a tener cólicos ni colon irritable.

- Paralelamente a estos cambios físicos, mi estado de ánimo se equilibró.

- Tenía mucha más energía disponible a diario, con lo que mi humor mejoró. Cosas que antes eran interminables, las hacía sin darme cuenta y aún me quedaba tiempo para muchas cosas más.

- Las depresiones, las rabietas, las lloreras, fueron difuminándose y esparciéndose hasta desaparecer por completo.

- Mi estado normal casi siempre era alegre y con energía para acometer todo. Eso hacía que cualquier cosa que se me ocurriera me apeteciera hacerla.

- Pronto me encontré llena de proyectos nuevos, actividades y cambios.

- A un nivel mental lo que sucedió es como si me hubiesen quitado un velo que antes tuviera sobre los ojos, como si mi mente se hubiese ido aclarando poco a poco.

- La nitidez de mis ideas, y muchas de las cosas y miedos que me preocupaban, se fueron quedando en simple ruido mental sin fundamento, deshaciéndose como la niebla ante la luz.

- De pronto, podía discernir claramente mi futuro y hacia dónde iba mi vida. Se convirtió en algo importante, necesitaba un propósito, un algo, una ilusión.

- Retomé mis sueños de cuando era niña.

- Ya no era lo externo, la carencia de energía o salud, o de ganas de hacer cosas la que me arrastraba hacia un inexorable final, si no que era yo quien necesitaba saber hacia donde quería llevar y dirigir a mi propia vida.

- La sensación era que de pronto existía una conciencia. Como si un observador con voluntad e ideas propias se hubiera despertado de un largo sueño y hubiera tomado las riendas de mí misma para dirigirme.

- El futuro ya no era algo borroso e inimaginable, cuyo horizonte era enfermedad y vejez.

- Si no que empecé a comprender que de alguna manera, yo era la que creaba mi vida.

Y si podía elegir comer de forma diferente y automáticamente mi cuerpo, mi vitalidad y salud cambiaban tan drásticamente, y tan a mejor.

¿Qué tantas otras cosas podría hacer si empezaba a elegir y decidir conscientemente otras cosas?

- Se despertaron de nuevo mis ganas de aprender, de aquella niña investigadora que os contaba al principio de este libro, pero esta vez, con ganas de sentir y de unificar mi mundo mental y emocional. Con ganas de ser feliz.

- Empecé a tomar decisiones basadas en mis sueños, y no en el miedo ni en los sueños de los demás. **Comencé, como Neo en la película de Matrix, a creer en mí.**

Una de las cosas que hice fue vender la casa cuya hipoteca me tenía atrapada en una zona y en un nivel económico que no me permitía crecer más ni elegir. Empecé a invertir tiempo y dinero en cursos de macrobiótica. Puse mi energía en estudiar y aprender. Me interesé por el crecimiento personal y la autotransformación y volví a investigar la realidad, como siempre había hecho de niña.

Todo lo que hice a partir de ese momento ha cambiado tanto mi vida, que ahora mismo no reconozco apenas la que era por aquel entonces. La recuerdo con amor y compasión, una víctima de su ignorancia, sin propósito, equilibrio ni poder personal. Aunque también sé que en el fondo de su cuerpo enfermo y perdido, estaba ya la semilla de la otra, la que soy hoy. Me es difícil, desde luego, imaginar cómo estaría si no hubiese descubierto todo esto, me resulta impensable. Lo que sí está claro es la certeza de que hoy sí que estoy alineada y feliz con el ser poderoso, saludable y pleno que en el fondo siempre fui. Solo fue necesario quitar y limpiar todo aquello que no era yo y me enturbiaba el alma, para que lo que sí soy… se rescatase a sí mismo.

CAPÍTULO 8

UNA MADRE DIFERENTE, UNOS NIÑOS DIFERENTES

Al mes de empezar con la macrobiótica decidí quedar embarazada de mi segundo hijo.

Tengo que decir que el parto, si bien era el segundo y hacía cuatro años del anterior, fue muy diferente.

La dilatación fue muy rápida y poco dolorosa. Desde la primera contracción hasta cinco de dilatación, apenas el dolor de una regla, y de cinco al expulsivo duró menos de una hora.

Mi recuperación fue estupenda.

Y la única cosa que no estuvo tan bien, es que tardó demasiado en subirme la leche, porque en el quirófano ponen una oxitocina para contraer el útero tras dar a luz. Esta droga tan yang retardó el proceso yin de subida de la leche, me hizo demasiado efecto porque mi cuerpo estaba muy limpio de toxinas, al haber tenido todo el embarazo macrobiótico. Así que al llegar a casa en el mes de agosto y con casi 40 grados centígrados, el bebé se deshidrató un poco hasta que por fin subió la leche y pude amamantarlo.

MIS HIJOS, MIS MAESTROS

Mi segundo hijo es y ha sido un niño mucho más tranquilo que mi hijo mayor, el cual durante mi embarazo tuvo una alimentación convencional. Aunque he de decir que ambos son hoy día estupendos. Gracias a la coherencia, alimentación natural y equilibrada que han recibido, y sobre todo al Amor consciente que les he podido dar. Son dos personas de las que me siento orgullosa, por su consciencia, y su forma de ser. Puedo decir que son y han sido dos grandes maestros, de los que aún tengo mucho por aprender.

El segundo que fue macrobiótico desde el principio ha sido un bebé y un niño muy diplomático y centrado.

Siempre recordaré su primer día de colegio, parecía un "Samurái emocional" en mitad del patio rodeado de llanto y drama, él seguía con su estado de tranquilidad y ilusión ante su primer día de cole. Es empático, se preocupa por los demás y tiene una tendencia natural a arreglar conflictos y a ceder por el bien común con tal de que haya armonía. Pero no le afecta el drama externo, mantiene su centro frente a lo de fuera. Su sentido del equilibrio es muy avanzado, así como el de la justicia, pero no se deja influir por los demás tan fácilmente, él tiende a conservar su centro.

Es un niño que definiría como muy estable emocionalmente, bastante resistente y que prefiere ceder antes que meterse en problemas. Aunque no renuncia a ser el mismo, si lo que hacen los demás no le interesa, se marcha, y en su soledad encuentra siempre alegría y armonía. Sabe relacionarse y estar solo en un equilibrio perfecto. Jamás le he escuchado decir "me aburro", pues cuando no hay nada que hacer, surge su creatividad y simplemente crea cosas increíbles, que admiro profundamente.

Físicamente es muy inteligente, delgado pero extremadamente fuerte.

No enferma casi nunca, y sus capacidades físicas en cuanto a agilidad, flexibilidad, rapidez y equilibrio han estado siempre muy por delante de la media desde que comenzó a caminar.

Un año apenas antes de nacer él, comenzó nuestro proceso de mutación. Fue al llegar a casa, tras aquel primer curso de macrobiótica que cambio nuestras vidas. Comencé a vaciar rigurosamente cada armario de mi casa. Luego acudí al herbolario y llené mis armarios de salud y vida. Él aún no había nacido, y llegó cuando ya éramos todos "macrobióticos". (Llegado a este punto quiero aclarar que en la primera etapa de limpieza fui bastante rigurosa con lo que comprábamos y comíamos en casa, y a diario cocinaba lo que aprendía en los cursos. Más adelante en la vida, y tras el divorcio, tuve que abrir un poco más su alimentación, aun así el equilibrio es algo que nunca ya hemos perdido.)

El proceso total ha durado unos trece años, hasta el día de hoy. Hoy día tienen dieciséis y doce años. Estoy feliz y tranquila con el trabajo de educación realizado con ellos. Ya que siento que lo más importante se hizo bien, y hoy son dos amorosos compañeros de vida, con los que disfruto de una relación armoniosa y amorosa, a la vez que consciente y divertida. Son geniales.

Durante el proceso de crianza de mis hijos, he observado cómo cuando se sigue el orden de la naturaleza, todas las etapas se van sucediendo sin mayores complicaciones ni desordenes o esfuerzos, de forma fluida.

LA CONFIANZA EN LA VIDA CUANDO ESTÁS DE CRIANZA

Criar y educar a los hijos es como remar en un río a favor de la corriente, por cada "remada" el avance es siempre mucho mayor con la ayuda de las fuerzas naturales y del equilibrio de la vida.

Lo mismo que tras la primavera llega el verano, y luego el otoño, y así sucesivamente.

No hemos tenido grandes procesos de enfermedades, ni virus, ni hospitalizaciones ni casi visitas al pediatra.

He observado a mí alrededor como complicamos los procesos en los niños. Avances fisiológicos sencillos y naturales como: dejar los pañales, contener la orina, adquirir determinadas habilidades, los intervenimos creyendo que como adultos tenemos que "hacer algo" y con esta actitud controladora lo único que logramos es dificultar y entorpecerles.

Lo que hacemos con nuestra excesiva inquietud es añadirles presión, carga mental, y complicarlo racionalmente todo.

Añadimos nuestra preocupación adulta, por querer anticipar algo, que tal vez iba a iniciarse por si solo en pocas semanas, y entonces lo que conseguimos es dificultarlo y ralentizarlo; es como hurgar en una raíz cuando está a punto de brotar, antes de tiempo. Solo la podemos torcer y sacarla de su lugar, impidiéndole salir, muchas veces al final la marchitamos y se estropea.

Veo a muchos padres que, desde su amor, malogran su relación con sus hijos, tratando de dirigirles y controlarles, en un amor ciego, pero sin siquiera darse cuenta de que lo más importante que tenemos que hacer como padres es ser testigos presentes de quién son. Para después, acompañarles a descubrirse. Respetando quiénes son, y enseñándoles a respetar quiénes somos también nosotros. En lugar de pedirles que se esfuercen en ser, quien nosotros pensamos que deberían ser para encajar en el mundo. La sociedad está enferma y en crisis disfuncional con la felicidad. Sólo siendo auténticos podremos despertar, y ahí las nuevas generaciones tienen mucho que enseñarnos y aportar. Si solamente les dejamos mostrarnos, y aprendemos a respetarles donde a nosotros no se nos respetó. No repitamos la arrogancia de creer saber cómo tienen que vivir sus vidas, cuando muchas veces ni siquiera hemos sabido como ser felices en las nuestras. Seamos humildes, si tan sólo estamos aún aprendiendo a vivir las nuestras. Es desde la cercanía y la humildad de ser quien somos que podemos enseñarles a ser también auténticos y coherentes. Pero sobre todo desde el corazón y no desde la mente. Ellos tienen ya otra vibración.

No les he dado mis respuestas, pero siempre les alenté a hacerse las preguntas que yo misma me hacía… y así juntos, estamos aprendiendo a ser felices y a descubrir e inventar nuestras vidas.

De todas formas hay que saber que muchos de los problemas de madurez en los niños en realidad tienen su origen en la alimentación.

Por ejemplo, un exceso de lácteos retrasa la maduración y hace que estén menos preparados para dejar los pañales o no orinarse en la cama. Estos lácteos solo nacen de un miedo a la desnutrición, no son necesarios. Mi hijo pequeño nunca tomó lácteos hasta los tres años, algún yogur, y pasó de la lactancia materna hasta los cuatro años a tomar algo de queso y leche de almendras. Pero sí cuidaba mucho que en su dieta no hubiera cosas que descalcifican y sí cosas que aportan calcio; el pescado aporta calcio mientras que la carne roja descalcifica, el cereal integral y la verduras son ricas en calcio así como los frutos secos. Nunca les eliminé la mantequilla, ya que para asimilar el calcio es necesaria la grasa, la cual ayuda en la sintetización de la vitamina D, y la mejor forma de asimilarlo es la mantequilla ecológica, de vaca.

Me preocupé de que el equilibrio en su sangre fuera de minerales, y no de ácidos como el azúcar y la carne, y a partir de ahí no era necesario introducir tanto lácteo, por consiguiente no han necesitado ni padecido asma, alergias o bronquitis, todos ellos producidos por el exceso de mocos que proporciona la leche en exceso a los niños.

Tampoco me he empeñado en que tomaran fruta en invierno, sino en verano cuando es de temporada y la pedían. Pero eso implica largas noches de purés de verduras y judías verdes y brócoli con cuentos y formas divertidas para que tomaran las verduras.

Ya que lo que sí necesitan los niños y los humanos a diario para estar sanos son verduras.

Fue un proceso que requirió dedicarle tiempo y trabajo; de hecho me dedicaba plenamente a ello. A enseñarles a comer. Hoy día comen de todo y no rechazan las verduras ni el pescado, como les sucede a otros niños.

El simple hecho de introducir el cereal a tiempo paulatinamente y retirar tanta leche va madurando el sistema nervioso central, y el niño va logrando mayor conciencia de sí mismo, lo que ayuda en todas estas etapas a una mayor autonomía y control.

LA IMPORTANCIA DE VER EL ESTADO DE TUS HIJOS Y SABER EQUILIBRARLES

- Algunos niños son de naturaleza más yin (débil), y las frutas, el azúcar y los lácteos no les ayudan a estos procesos, al añadir la preocupación de los padres todo se complica y añadimos así una mayor inseguridad a un niño ya de por sí frágil.

- Otros niños inquietos y que comen poco, duermen mal y son irritables, son alimentados demasiado pronto con proteína animal en cantidades y sal, y esto empeora su delgadez y su condición. Cada vez resulta más problemático que coman, duerman o se relajen... todo es una cuestión de sencillo equilibrio.

Los niños pálidos, débiles, llorones y tímidos son más yin, y necesitan una alimentación más reforzante, cereales, pescado, carne incluso, frutos secos. Mientas que niños activos, delgados, irritables, más rojos de color, que duermen poco y no paran, necesitan más verduras y frutas y no tanta carne ni sal. Sencillo si distinguimos esto. Los primeros necesitarán desafío, actividades, estímulo y más apoyo y autoestima para ganar seguridad en sí mismos. Y los segundos relajarse descansar, meditar… y tranquilidad a su alrededor. Como se ve en este método, primero está la observación del ser que tenemos delante y su energía, y después se aplica lo necesario, y no al revés, que es lo que se hace en el sistema pediátrico actual, que es la aplicación fija de patrones impuestos desde fuera a todos por igual… esto genera desequilibrio… ya que no existen dos niños ni dos seres humanos iguales. Somos únicos.

Por ello el consultor real, y terapeuta holístico auténtico, primero observa y evalúa, se da un tiempo para conocer al ser que tiene delante, y, a posteriori, aplica lo que ese ser necesita en ese momento vital. Esto, claro está, requiere de práctica y mucho autoconocimiento, pues sin conocernos a nosotros mismos profundamente, no podemos conocer al otro tampoco.

Por otro lado y referente a los alimentos para niños de la actualidad tampoco tiene nada que ver una papilla de cereal de farmacia o herbolario llena de azúcar, con una crema de cereales hecha en casa, esta última es mucho más nutritiva.

Las de herbolario, salvo alguna marca que viene la harina "dextrinada" para ser digerida, no son mejores tampoco, pues algunas de ellas son únicamente harina tal cual y esta harina integral es demasiado fuerte para el hígado y el intestino de un bebé y de un niño, y pueden producir en algunos casos a la larga ictericia o hepatitis incluso.

Lo ideal es hacer una crema de cereal, cereales y fruta, avena, alguna verdura y apoyarse con los productos de farmacia o herbolario de buena calidad, de vez en cuando, cuándo la falta de tiempo impida algo más natural.

Pero siempre que tengan la menos química posible y que la harina esté preparada para niños y bebes, o si no usar las de la farmacia, pero complementándola con alimentos naturales hechos en casa también.

En mi caso, mi niño prefirió ir introduciendo los alimentos muy poco a poco, y seguir con la lactancia materna un poco más. En la crianza de mis hijos, he pasado por alto mocos, fiebres, hospitales, virus, bronquitis, bronquiolitis, rabietas, pesadillas, golpes y fracturas, diarreas, cólicos, vómitos y sustos de diversa índole. Salvo algún caso aislado, como es lo normal, pero nada que no se solucionase en pocas horas y sin intervención hospitalaria.

Sencillamente aluciné cuando al completar la ficha en la guardería me preguntaron que cuántos inhaladores y aerosoles tenía y que cuántos broncodilatadores habían usado, e incluso las marcas, como si fuese algo muy común y normal; la respuesta fue, sencillamente: ni siquiera sé que son esas cosas.

Resulta que a cuenta del azúcar y los lácteos procesados y azucarados que damos a nuestros hijos, apenas pueden respirar.

RECORDANDO NUESTRA INFANCIA PARA RECUPERAR LA LUCIDEZ

Y lo que más me llamó la atención de todo esto es la naturalidad con que se aceptaba todo esto.

Y la poca memoria y capacidad de discernimiento de padres y pediatras.

Personalmente aluciné en colores cuando el pediatra me dijo, como lo más normal del mundo, que lo corriente era que el primer año de guardería el niño pasase 14 o 15 catarros o virus.

Simplemente me acordaba de mi propia infancia, y no recuerdo haber estado enferma tanto tiempo. De hecho, salvo algunos episodios de anginas por primavera y el sarampión, mi madre presumía de que nunca me enfermaba.

Tampoco me vacunaron de nada ni me llevaban a revisiones insistentemente.

Ahora veía las 36 vacunas que se ponen a los niños antes de los 36 meses de edad, y la aceptación de continuas enfermedades como lo más normal.

Y comprendía que algo no era normal ni iba bien del todo con los niños.

De alguna forma relacioné esto con el recuerdo de aquel primer *Petit Suisse* que probé con seis años, el primero que salió al mercado, sabía a queso fresco; cuando probé uno de fresa que tomaba mi niño, sencillamente era puro azúcar y sabor de fresa química. Era sencillo relacionar una cosa con la otra. Por aquel entonces, y cómo toda madre, me asustaba el hecho de ser diferente, y estar haciéndolo mal, llegó a mis manos un libro que recomiendo a cualquier madre: *Como criar un hijo sano, a pesar de su médico*.

Creo que mientras no recuperemos la memoria, la fe en la fuerza de la vida, y nos alimentemos de miedo a carencias, o a enfermedades, no vamos a darle a la nutrición y al amor el papel que le corresponde en la salud de nuestros niños.

Me preocupaba de su alimentación, sí, pero sobre todo me preocupaba de quién eran ellos realmente, de conocerles y amarles, tal cual eran, de que fueran felices, y tuvieran una vida feliz y abundante en cariño y juegos. Aparté la rigidez, sustituí el dirigirles con órdenes por un sabio liderazgo acompañado de humor y juegos, en los que yo ganaba, y ellos se divertían.

Un niño feliz no se enferma, esto es lo que he comprobado, y a veces es más saludable una cierta cantidad de algún producto no tan sano, que prohibirles todos o regañarles cuando piden chocolate. Realmente, lo importante no es que no tomen nada, sino que **haya equilibrio entre azúcares y minerales. Y sobre todo que se sientan amados y felices. Esto garantiza el 90% de su salud.**

Los niños a veces enferman cuando necesitan crecer aquí, en esta dimensión, cuando enfrentan desafíos, pero si hay amor y equilibrio los procesos de enfermedad cursarán sin problemas ni demasiados medicamentos de por medio.

UNA GENERACIÓN DE NIÑOS ESPECIALES, ALMAS SABIAS Y FUERTES

También quisiera resaltar que todo cambia, y con los niños de estas nuevas generaciones no sirven las rigideces ni durezas, hay que aprender a ser líderes. Son un desafío para unos adultos que carecen de capacidad de autoliderazgo ni carisma actualmente.

Por eso se vuelve urgente para padres y formadores recuperar todo el poder personal y el magnetismo y el brillo; tenemos que ser valiosos para que nos respeten. Una persona que no se respeta a sí misma ni a los demás no puede enseñar desde el respeto a otros.

¿Cómo podemos lograr todo esto hoy día? No lo sé, tendrás que crear tus propias ideas, pero puedo contarte algunas de las mías por si te inspiran.

- La verdad es que con una gran dosis de creatividad, aprendí a convertir situaciones cotidianas en momentos mágicos.

- Transformé conflictos en situaciones que se resolvían con un cambio de registro repentino. Claro está, no me encontraba agotada por un sinfín de tareas.

- Si no presente y feliz de estar con ellos, puedo decir que disfruté plenamente de estos años. Aun a pesar de que los viví sin demasiada colaboración por parte de mi pareja ni familiares.

- Tuve que posponer mi vida profesional unos pocos años.

- Sin embargo, cada vez que los miro, me alegro más de haberlo hecho así.

- Todo en la vida son elecciones que hacemos y decisiones que tomamos. Cada una tiene un premio y un coste.

- No hay error en nuestras vidas, solo aprendizaje, facturas y premios, consecuencias de acciones tomadas.

Observo que lo que no se ha hecho en estos primeros años, toca luego hacerlo cuando regresan a esa etapa que es justamente de los doce a dieciséis años, así que siempre hay tiempo para retomar. Lo único que es mucho más sencillo redirigir a un niño de cuatro años que a uno de catorce. No obstante, seguro que con creatividad y liderazgo, se puede. *Tal vez la educación de generaciones venideras y de nuestros hijos, no pueda tener un hueco mínimo, entre el pago de facturas, coches, dos casas y carreras exitosas, y requiera de algo más de dedicación, energía y tiempo de lo que destinamos actualmente. (Y digo esto último por el estado en que veo a los compañeros de curso de mis hijos.)*

Es cuestión de valores y de qué es lo que nos importa realmente en la vida.

Ahora aprovecha para hacerte esta pregunta:

¿Qué es para ti lo más importante?

Revisa por un momento si estás viviendo de acorde con esos valores, y cuánto tiempo al día, a la semana y al mes, le dedicas a las cosas que realmente has puesto que te importan... tal vez descubras algo.

De todas formas el primer paso para tener unos hijos sanos, felices y conscientes, es ser uno mismo, sano, feliz y consciente, y con el ejemplo de los padres, los niños son puras esponjas. Ni siquiera es necesario decirles nada. Se contagian.

Así que antes de ocuparte de ellos o querer dar ejemplo, plantéate si eres un líder digno de ser seguido. Y si no lo eres aún, empieza a serlo.

Empieza ahora mismo.

RECAPITULANDO Y A MODO DE CIERRE

Los pediatras y padres de hoy día, tenemos que recuperar la capacidad real de mirar atrás y relacionar unas cosas con otras, y hasta que no lo hagamos no veremos hasta dónde hemos perdido el norte. Hemos transformado la nutrición en veneno, y la salud en obsesión y enfermedad. Solo recordando cómo era antes, podremos discernir muchas cosas que en la actualidad están siendo profundamente disfuncionales.

¿Cuándo se ha vacunado tanto a los niños? En mi época no. ¿Cuándo se les ha medicado tanto como ahora? Ante una simple tos. ¿Y cuándo ha habido un índice de cáncer infantil, alergias y problemas, como hoy? Nunca antes.

Otros efectos observados en mis hijos, frente a sus amiguitos y compañeros en general, y salvo casos concretos, tenían una actitud observadora y curiosa a la vez que respetuosa con los demás. El mayor aunque no tuvo una alimentación natural en sus inicios, a los tres años, cuando le introduje el arroz integral, me sorprendió la profesora de su escuela infantil, preguntándome que qué había pasado con él. Me comentó que en tres meses era otro niño, mucho más maduro, consciente. La profesora había notado un impresionante cambio cognitivo y de consciencia en mi hijo. Recordando lo que había pasado en ese trimestre, pude ver, que lo único que había hecho es introducir el cereal, y reducir determinados alimentos. Esto de nuevo me animó a continuar en mi investigación y mis cambios.

A menudo veo padres demasiado preocupados por lo que sus hijos NO tienen que comer, cuando es mucho más productivo iniciarles en cosas que sí sean saludables, y dejar que ellas actúen generando equilibrio que convertirnos en el enemigo de chocolatinas, chuches y *"todo lo que está rico"*.

Algunos efectos que observar en niños equilibrados:

- Ambos han demostrado siempre unas ganas de descubrir y una forma rebelde, no violenta sino creativa, de separarse del montón.

- Eran pacíficos y diplomáticos con los demás, pero profundamente participativos y creativos.

- Menos competitivos y más colaboradores, pero con ingenio e ideas propias a menudo originales.

- Se comparaban menos, y sobre todo eran mucho más abiertos a relacionarse y a mostrarse.

- Mucho menos amigos del juicio o la crítica que otros niños. Incluso de la autoexigencia y autocrítica.

- Por ello mucho más libres para experimentar.

- A la hora de bailar, de inventar, de pintar, eran creativos y ocurrentes y no juzgaban lo de los demás, simplemente querían participar y disfrutar creando.

- De manera natural han rechazado los sabores muy químicos o artificiales, o los productos de mala calidad.

Aun cuando son niños y pueden querer probar otros sabores fuertes que ven en sus compañeros, el exceso de azúcar o de sal pronto los satura empujándoles a un equilibrio natural.

Tienen una tendencia a equilibrar y tomar de manera sopesada hidratos de carbono, proteínas, y vitaminas y líquidos de forma natural.

Mientras que otros niños van siempre al mismo sabor y no se atreven a probar sabores nuevos. Ellos si se atreven a probar y luego van equilibrando salado y dulce y texturas diferentes.

En el tema de la comida son más abiertos a explorar, y comen castañas, batata asada, brócoli, coliflor, frutas diferentes, pescados…

Consejos para niños que no comen ciertas cosas:

Algunos padres parecen preocupados porque su hijo solo come carne o proteína animal y creen que si se lo quitan no van a estar bien alimentados, y dicen que su niño no quiere el pescado. Bien, a este respecto conviene saber que un niño que come demasiada carne está demasiado yang y es difícil que su hígado soporte el pescado. Pero basta quitar a un niño la carne y el embutido unas semanas para que acepte el pescado de buena gana. Lo mismo ocurre con los niños que no toman verduras o fruta, basta quitar chuches, galletas, azúcar y bebidas azucaradas unos días para que el niño empiece a ir naturalmente hacia las frutas y las verduras. Los niños tienden al equilibrio siempre, pero a veces hay que ayudarles para que puedan elegir lo más adecuado según su condición.

Bajo mi experiencia los niños no necesitan una dieta tan depurativa como los adultos, ellos queman más energía en sus juegos, y necesitan integrarse en el mundo y la sociedad para desarrollarse plenamente. Sentirse diferente o bicho raro, no ayuda. Aunque los míos siempre han presumido de ser "macrobióticos", aún cuando en cierto punto decidí abrir más su abanico de alimentos, por temas variados, y en realidad era más una dieta energética, aunque permisiva con determinadas cosas.

Nunca se sintieron diferentes del resto, y traté de que fuera así. Vieron las diferencias como lo normal. No como ellos aparte y luego el resto, sino notando que todo el mundo en realidad es diferente. Dejé un amplio margen de integración, aun cuando regresaran de alguna excursión o cumpleaños vomitando, puntualmente, como cualquier otro niño con indigestión. Sin darle mayor importancia. Pero preferí esto a torturarles con una tarta casera en un cumpleaños de veinte niños. Lo superaron desde luego sin grandes problemas. **Muchas veces, como padres, hay que restarle tanta importancia a todo. Incluso su nutrición, y darle mayor importancia al amor y la felicidad.** Ya que siempre podemos luego equilibrarles con una buena cena en casa. No es todo tan importante. La vida es un conjunto y la nutrición un proceso. Sin embargo, ellos son conscientes de la importancia de los alimentos, y me piden a menudo cosas sanas. **Llegado a un punto llegué a la conclusión que si les negaba todo lo que ofrecía el mundo, estaba siendo una madre tóxica y controladora.** Así que he preferido que ellos mismos experimentasen y se autorregulasen, a ser la prohibitiva que está siempre molestando con lo que se come y lo que no.

Ahora soy su consejera y su amiga, y confían en mí, en lugar de aborrecer lo natural y huir de mis consejos y rebelarse a todo. Lo aceptan y dicen estar orgullosos de su madre. **Mi educación consiste en darles la información, ellos la conocen, y luego dejarles que elijan su propio camino. Pero eso sí: informados, no inconscientes.**

Casi siempre me sorprenden queriendo tomar mis verduras o mis copos de avena, o mi estofado de avena. Pero también comen pizza cuando unos amigos vienen a casa a jugar juegos de mesa. Creo que hoy por hoy, no es acertado ser radical con nada y separarse del mundo, no creo que eso ayude a cambiarlo. He decidido la vía de en medio, como los místicos. Y, hoy por hoy, son unos niños libres, y que prácticamente comen equilibradamente de forma casi natural. No recuerdo cuando fue la última vez que enfermaron, y jamás hemos pisado un hospital.

No hay que olvidar que el cuerpo tiene sistemas para eliminan una determinada cantidad de sustancias nocivas. Y que el bazo y la linfa necesitan un determinado número de sustancias de desecho para trabajar con ellas. Además que a la contaminación ambiental y de radiaciones, existente hoy en día en las ciudades, no la podemos enfrentar desde una dieta totalmente pura. Ya que tendríamos que irnos a vivir a la naturaleza y aislarnos de todo, para que nuestro sistema nervioso pudiera soportarlo. De forma que recomiendo comer con consciencia y usar un 80% - 20% de saludables frente a nocivos, o bien un 70% - 30% en algunos casos. Especialmente con los niños y en caso de personas delgadas, y con dificultad de asimilación.

Como padres debemos dejar de cargar de importancia todo, relajémonos y demos prioridad a descubrir quiénes son, al autodescubrimiento, a la realización y al amor. Creo que con esto ya es bastante como para generar personas felices y poderosas, que naturalmente se van a mantener equilibradas y sanas.

Simplemente dejémosles con la información adecuada a su alcance y no con continuas imposiciones sin explicar.

Son inteligentes, curiosos, están llenos de vida, y de ganas de ser felices, de realizarse, igual que lo estábamos nosotros, acompañémosles, y permitámosles Ser.

Démosles lo más importante, nuestro amor incondicional, y nuestro luminoso ejemplo como personas realizadas, sanas y felices.

Será suficiente, lo lograrán. Confía en la fuerza de la vida y en la evolución.

CAPÍTULO 9

EL SECRETO DEL *KI* Y DE LA CONSCIENCIA. EL MILAGRO DEL PH EN SANGRE

A raíz de este despertar comencé a tomar confianza en la vida. A base de observarla y ver la facilidad con que se abre camino, me di cuenta que determinados procesos naturales forman parte de un ciclo mayor, y hay poco que se pueda hacer a favor o en contra para intervenirlos, que no rompa el equilibrio sin generar desajustes, reacciones y desorden.

Y esta confianza profunda me ayudó a tomar decisiones diferentes basadas en la confianza, en la abundancia y en la vida, y no en el miedo o la carencia o la enfermedad.

Como ya os he contado vendí mi casa e invertí mi dinero en aprender más sobre alimentación, hasta el día de hoy, que sigo investigando y descubriendo cosas.

También os he compartido ya que para mí el ser humano forma parte de un ser mayor, y su salud y su felicidad dependen de la armonía vital que tenga con el entorno y con el planeta.

Por otra parte no he encontrado ningún alimento, pensamiento o emoción en este plano de relaciones en que vivimos inmersos, que no produzca una eliminación al ser ingerido o procesado por nuestro cuerpo, nuestro mundo emocional o nuestra mente. Por ello conviene plantearse si existen determinadas cosas y alimentos que no conviene utilizar, o al menos minimizar su uso, al menor porcentaje. Si todo en la vida ha de ser absorbido, procesado y en consecuencia eliminado y esta eliminación puede ser armoniosa o desarmónica en función de la calidad del producto consumido. Conviene conocer ciertas cosas.

La mayoría de los productos industriales que tomamos hoy en día, carecen de las sustancias que se encuentran en los fluidos de los seres vivos, y en su lugar contienen otros, obtenidos en laboratorios, que alteran la química del organismo. El cerebro, que es una máquina muy precisa, ha evolucionado del planeta y es el más sensible a estos cambios.

Hoy en día se observan varios efectos extremos, por condiciones adversas, como son la hiperactividad infantil, el déficit de atención, el autismo, psicosis, paranoias, depresiones, locura, y otros desórdenes, que van en aumento.

Yendo un poco más lejos, quiero plantearos una cosa que a menudo me cuestiono y pregunto.

¿Podría ser que toda la locura de esta sociedad desordenada, egocéntrica, caótica, pudiera obedecer a un proceso mental defectuoso, que no ayuda a vivir desde el ser?

Realizamos actos que destruyen por un lado para construir por otro, hemos olvidado el propósito de proteger la vida e incluso muchas veces la ponemos en peligro para favorecer otros intereses. Tenemos depresiones, crímenes, suicidios, asesinatos, depravaciones varias, violencia, drogas, alcohol y otras enfermedades mentales. Creo que todo ello tiene su fundamento en estas sustancias químicas que nos sacan de nuestro centro espiritual, dejando a la mente a merced del ruido del consumo y de una vida vacía de sentido y llena de estímulos, enloquecedores pero absurdos, y vacíos de importancia real o vital.

De todas estas sustancias químicas, las hay por doquier, pero hablaré de una de ellas bastante perjudicial y extendida, y es el azúcar blanco, desmitificando de paso aquí la creencia de que es un alimento.

EL AZÚCAR BLANCO: ALIMENTO O TOXINA

Cuando en realidad su ingesta, al ser glucosa pura, la cual no puede ser asimilada por las células sin la presencia de minerales como calcio, hierro, magnesio y otros muchos, provoca al ser tomada la carencia de todos ellos en la sangre.

Parece ser que su valor nutricional hipotético se basa en que contiene o es en sí misma sacarosa, la cual se descompone en glucosa, que resulta ser el alimento que consumen las células en sus procesos.

Está demostrado que las células necesitan la glucosa. Lo que está perspectiva tan racional no tiene en cuenta, es que la célula para procesar la glucosa necesita toda una serie de sustancias, como por ejemplo diversos minerales, de las cuales, normalmente, en los alimentos naturales viene acompañada, como son las verduras, las frutas, y los cereales y legumbres. Resaltar que por ese motivo en la naturaleza no existe ningún alimento que sea glucosa pura, como la que fabricamos, sino que ésta viene acompañada de otros minerales y vitaminas que ayudan a procesarla, y también de mucha fibra, que casualmente disminuye su tasa de aparición en sangre y retrasa su digestión y asimilación.

No obstante, nosotros la fabricamos blanqueando la caña y sometiéndola a un proceso similar al de la cocaína, con ácidos y demás químicos. **De esta forma obtenemos una sustancia pura, que ningún organismo es capaz de asimilar, sin compensar su déficit de nutrientes con calcio y minerales de los huesos.**

Esto produce una inevitable desmineralización y acidificación de nuestra sangre, y a la larga da lugar a diabetes y numerosas enfermedades más.

El daño que provoca el azúcar es menos dramático y más lento que el de otras drogas o químicos como la cocaína o la morfina, pero la adición es clara y constatable; no podemos vivir sin el sabor dulce.

El azúcar hoy día es el gran reto. Creo que de hecho se encuentra en la raíz del mal y de la manipulación y adormecimiento de la especie humana.

¿Cómo sino digerir muchas veces tan amarga realidad como la que nos envuelve en nuestras vidas? Trabajando como esclavos y sobreviviendo la mayor parte de nuestras horas de vida en aburridas repeticiones de obligaciones absurdas. Sino endulzándola con algo. El problema es que nos adormece y atonta, y nos ayuda a seguir tragando, y tragando, sin cambiar lo que nos produce dicha amargura.

Pero observemos el proceso a nivel celular:

La célula cada vez que entra glucosa pura en la sangre, al no encontrar estos minerales que necesita para poder procesarla, los roba de los huesos y de la sangre, acidificándola y dejándola sin minerales. Y como ahora veremos, sin minerales no hay *Ki*, ni conciencia, ni vida, y la sangre se vuelve ácida. Una vez acidificada de este modo, se convierte en un caldo de cultivo para virus, enfermedades y bacterias. Hoy día se sabe que tanto los virus como las bacterias, parásitos, hongos, y cáncer, necesitan una sangre ácida para desarrollarse. El azúcar blanco desmineraliza el organismo y descalcifica, produce anemia. Está químicamente comprobado que tras su ingesta se orina calcio, que rescatamos de la sangre. Este calcio es liberado automáticamente de nuestros depósitos (huesos, dientes) para compensar la carencia instantánea que origina consumir glucosa pura.

¿Por qué nos empeñamos en consumir como alimento una sustancia que en la naturaleza no existe?

Por otro lado veamos en qué consiste el dispositivo energético que constituye el cuerpo humano y de dónde extrae su energía libre, a través de la cual puede desarrollar su vida y atraer su consciencia. Para ello necesito explicar un concepto largamente usado en medicina china, Tai Chi, acupuntura y otras terapias alternativas, el "Ki", "Chi" o "Prana" para los indios.

¿QUÉ ES EL *KI*?

En el Tao, en Chikung, en macrobiótica, se habla del *Ki*; en otras culturas lo llamaron prana, y otros nombres. Se define como un campo energético que se encuentra alrededor de nuestro organismo.

A primera vista pudiera parecer que es algo etérico, complicado de ver o medir.

Sin embargo no es así.

Resulta que en la naturaleza, en todas sus formas vivas, se observa siempre el mismo patrón energético. El Toroide.

Un solenoide se forma cuando se hace circular una corriente eléctrica a través de un circuito cerrado, o una serie de hélices enrolladas en forma circular.

Cuando se hace esto, el resultado es que se genera un campo electromagnético de energía libre; este dispositivo tiene forma toroidal o toroide. Así nuestro cuerpo, con el corazón como centro, genera su electromágnetismo propio.

Este mecanismo, por llamarlo de alguna manera, constituye la mejor forma de obtener energía infinita.

(Da la casualidad de que el campo electromagnético de la tierra también tiene esta forma.)

Si abrimos una cebolla, o una manzana por la mitad, veremos que está formada por este tipo de energía electromagnética.

El campo humano también tiene esta forma, y no es casual que la sangre que circula por nuestro cuerpo sea una sustancia cargada eléctricamente. En ella hay o debería haber disueltos numerosos iones de minerales, los cuales tienen una carga eléctrica, es decir, son partículas con carga. Y cuando unas partículas cargadas circulan por un circuito cerrado surge el campo electromagnético llamado *Ki*.

De estos minerales en nuestra sangre, y su libre circulación a través de nuestro cuerpo, regresando a nuestro corazón una y otra vez, depende la calidad y la fuerza de nuestro campo electromagnético o chi.

La sangre forma dos circuitos eléctricos cerrados, que al circular con su carga, con el centro en el corazón, generan lo que el físico Gregg Braden viene llamando el "dispositivo de cristal líquido del corazón", el cual genera un motor de energía de "punto cero" que nos mantiene con vida y energía mientras la sangre circule por nuestras venas. Siendo así, si no fuera por el envejecimiento del ADN y de los órganos, este dispositivo de energía libre sería eterno, y con él, nuestra vida. Teniendo en cuenta que además el principal componente de nuestra sangre es el hierro, que además es un mineral con propiedades magnéticas, estos dos circuitos forman a nuestro alrededor un campo energético magnético, es decir, nuestro campo energético, o aura, del que hablaban los antiguos taoístas. Nuestro campo aúrico o *Ki*.

¿CÓMO EXPLICAMOS EL *KI* DE FORMA CIENTÍFICA?

www.dianalopeziriarte.com/recursos/explicacion-del-ki

Como mostraba la película "Matrix", el cuerpo humano es un generador inagotable de energía en sí mismo, sin necesidad de nada más que de estar vivo.

La amplitud de este campo de energía y su potencia, depende en gran medida de que en la sangre haya minerales disueltos. Ya que su base es electromagnética.

De hecho nuestra sangre debería ser una réplica del suero del agua del mar.

Por ello, en todas las formas posibles, el cuerpo y el organismo, trata siempre de mantener el equilibrio de los minerales que contiene. Cada vez que lo desgastamos consumiendo sustancias que disminuyen estos minerales en la sangre (a lo cual decimos que acidificamos su PH), lo ponemos en peligro.

Entonces el organismo automáticamente restablece su equilibrio, liberando estos minerales de los depósitos de minerales que tenemos en el organismo, que son los dientes y los huesos.

El PH es una medida de los minerales que contiene un fluido; así un PH alcalino es un PH con minerales disueltos, y uno ácido es aquel en que faltan minerales, y por tanto los roba del entorno. Destacar aquí que para que haya energía, vida y salud, el PH de la sangre debe ser alcalino.

Dependemos de los minerales del planeta en nuestra sangre para poder vivir y para poder atraer la consciencia al cuerpo físico.

Cada vez que acidificamos por tanto nuestra sangre, nuestra capacidad de atraer consciencia y energía disminuye. Y nuestro campo se desconecta del planeta y del cosmos. Nos quedamos perdidos y solos. Aislados.

Es para pensárselo. Ya que en la medicina china, se dice que un campo o *Ki* deficiente carece de capacidad para generar una vida plena, saludable ni feliz. Y atraerá por su debilidad toda clase de desgracias a su experiencia. Yo así lo creo y lo he comprobado. En numerosas ocasiones, las personas y los niños tras haber consumido grandes cantidades de alcohol, drogas o azúcar, tienen un accidente grave, una enfermedad, o una serie de desgracias sucesivas.

Cuando comemos productos químicos desequilibrados que no contienen minerales y vitaminas naturales, al tratar de procesarlos y contrarrestar sus carencias, el cuerpo se desmineraliza, la sangre se ensucia y se debilita.

Nuestro *Ki* se hace pequeño y también nuestra salud y nuestro impacto vital. Disminuye nuestra conexión con nuestro lugar en el orden, al romperse lo que los taoístas denominan, nuestra "órbita microcósmica". Es entonces cuando nuestra mente empieza a engañarnos, y nos perdemos la vida en películas mentales de escasa validez para el alma. Veo a miles de personas enmarañadas y perdidas en un "ruido mental", un parloteo sin salida ni sentido. Una confusión en la que desgastan la poca energía que tienen. Es un laberinto sin salida que los debilita y agota cada vez más.

Por otro lado:

¿Qué ocurre cuando comemos productos producidos por la tierra ricos en minerales, como las algas, las verduras, el pescado o los cereales?

Por lo general, nos recargamos de minerales y la sangre y el *Ki* se fortalecen.

Nuestro *Ki* se amplifica, nuestro campo electromagnético se agranda y tenemos capacidad para atraer a nuestra vida, salud, alimentos, alegría y felicidad.

En la fortaleza de este *Ki*, se basa de hecho el principio de la Ley de Atracción. Si nos fijamos en los ideales chamánicos, la cosmovisión andina por ejemplo, tiene un paradigma mágico en el cual el chamán crea su realidad y atrae lo que decide.

Evidentemente no hay que recordar cómo es la alimentación de estas personas que viven en los Andes. Y a qué niveles les funciona el poder personal para invocar y realizar la Magia en sus vidas.

De ahí la enorme importancia de regresar a alimentos naturales, formas de cocinar y de cultivar respetuosas con los minerales y con la energía y la vida. Si queremos ser creadores de nuestra vida y no víctimas.

También es importante saber que la tristeza y el estrés acidifican la sangre, haciendo el Ki muy pequeño mientas que la alegría, la risa, el amor y la meditación, así como el contacto con la naturaleza producen el efecto contrario, alcalinizándonos y reforzando nuestro Ki.

La corriente nerviosa también es un intercambio de iones entre el sodio, negativo y el potasio positivo, yin uno y yang el otro, del equilibrio de todas estas fuerzas eléctricas y magnéticas depende nuestro bienestar.

Resumiendo, la sangre sale del corazón y regresa a él, y dependiendo de la cantidad de minerales e iones de hierro, nuestro *Ki* aumenta o disminuye. Bien conocidos son los efectos de la anemia ferropénica, en la que hay un déficit de hierro, la persona se queda sin energía para vivir, y ni siquiera actúa ni piensa con claridad.

Si estamos equilibrados y mantenemos estos niveles en perfecta armonía y magnitud, nuestra vida seguirá un proceso sin enfermedad ni problemas emocionales o mentales.

Está demostrado que todos los procesos de enfermedad, o casi todos, se producen en sangre ácida, virus, bacterias, células cancerosas, todos ellos viven en un medio ácido.

Es decir, cuando nuestra sangre se separa de la composición de la tierra, nuestro planeta, del que estamos hechos, nuestra capacidad vital disminuye y la enfermedad entra en nuestra vida.

Pesticidas, conservantes, químicos, azúcares, y demás productos de laboratorio inexistentes en la naturaleza contribuyen a esta condición.

Es curioso recordar que somos tierra, nos fabricamos un cuerpo en el útero de nuestra madre, a partir del alimento que ella consume. Y si nos mantenemos cerca de esta composición, si mantenemos la sangre con el equilibrio del suero del agua del mar más el hierro, estamos sanos y vitales, y una persona sana y vital es una persona alegre, positiva y feliz, pero sobre todo generadora de prosperidad para el planeta.

Por otro lado, cuando nos separamos de esto, enfermamos, estamos débiles y nos tornamos incapaces de disfrutar de la vida, ni de ser felices. Nuestro cerebro empieza a funcionar mal, a engañarnos con fantasías fatalistas. Entonces, atontados, débiles y asustados, comenzamos a tomar decisiones que nos hacen aún mas infelices, y terminamos por enfermar en un círculo autodestructivo que se retroalimenta.

Y cuyo final acostumbra demasiado a menudo a ser la sala de algún hospital muriendo de manera antinatural, repletos de miedo, drogas y dolor.

Antiguamente, la mayoría de las veces se moría tranquilamente de viejo, en casa, rodeado de la familia y en paz.

Aprovecho para recordar aquí el ciclo de la creación:

La atención consciente genera conexión, la conexión genera autorregulación, la autorregulación genera orden, el orden genera bienestar.

Por otro lado, en su ciclo opuesto:

La desatención e inconsciencia genera desconexión, la desconexión genera desregulación, la desregulación genera desorden, y el desorden produce malestar y enfermedad.

Sencillo y claro.

Como veremos todo comienza con la "atención", es decir, la presencia y consciencia del ahora y aquí.

Creo profundamente que se puede vivir naturalmente y morir sin tanto dolor.

Pero sólo si nos acercamos al orden natural y respetamos el hecho con humildad de ser una pequeña parte de un planeta y no el centro de todo, y nos mantenemos cerca de sus leyes, sus sustancias y flujos.

Alimentación natural, vida sana, experiencia espiritual de conexión y amor profundo. Esto es para mí vivir conforme al Tao.

Ni más ni menos.

Para mí la vida fluye de forma mágica la mayoría de las veces, como por casualidad, y cada día que pasa encuentro más pruebas que confirman que todo está conectado. La materia solamente es un estado más denso de la energía y no el centro de la realidad. Ésta y la vida se mueven desde un plano de consciencia superior, que obedece más a la vibración emocional de cómo estamos que a lo que nuestra mente imagina o idealiza muchas veces.

Energía y materia, cuerpo y espíritu, emoción y mente, son uno y no podemos pretender ser felices mientras no sintamos respeto por la vida, la tierra y las maravillosas criaturas con las que compartimos esta.

Siempre termino repitiéndome que la vida es un curso de amor, que empieza en amarse uno mismo y se extiende desde ahí a toda la creación y sus múltiples formas de vida.

CAPÍTULO 10

ORDENAR EL DESORDEN PARA UNA VIDA MÁS SIMPLE

Una vez viví en una casa preciosa con jardín en un pequeño pueblo rural de la comunidad de Madrid; creía que la alimentación era correcta e ideal, porque era variada y las verduras que tomaba, al vivir en un pueblo, presuponía que eran de las huertas de alrededor, mucho más frescas y naturales que las conseguidas en grandes superficies en las ciudades. Pero deja que te cuente la realidad. Las verduras que allí había no procedían del huerto ecológico del pueblo de al lado, ni tampoco tenían mejor sabor que las vendidas en grandes superficies, de hecho venían de Almería, Granada o Murcia, de macro-invernaderos industriales todas ellas. Mientras veías a las calabazas que crecían en las huertas de las casas del pueblo pudriéndose en los garajes de la gente del pueblo que los usaban como almacenes.

Cuando una vecina del pueblo me veía comprándola en la frutería, solían decirme que ni se imaginaban como podía cocinarse aquello, tan duro. Veían las calabazas como algo inservible, ya que al ser abundantes y crecer por sí solas y sin casi riego no le daban valor. En su lugar, pagaban con su dinero pimientos verdes y tomates, traídos de otras zonas, fuera de temporada (que producen artritis por la solanina que contienen y no son nada sanos). Esto me sorprendió bastante.

Hasta qué punto somos capaces de desvalorizar lo común, que la tierra nos regala de forma tan generosa. Pero esto ocurrió cuando mis estudios de cocina energética me explicaron las propiedades de la calabaza, y cómo cocinarla para aprovechar sus propiedades. Resulta que es reforzante del sistema inmune, contiene betacarotenos, ayuda a relajar el páncreas y el estómago, con lo que combate la hipoglucemia, y además es mucolítica. Allí las dejaban estropear, sencillamente.

Sin embargo, en Chinchón, a pocos kilómetros de allí, había un empresario que buscando un cambio a mejor de sus vidas, como yo, había apostado por la agricultura ecológica, y tenía toda una serie de verduras y frutas de temporada de muy alta calidad y frescura. Totalmente ecológicos, saludables, naturales y sin químicos.

He aquí que encontré otro paradigma erróneo que nuevamente complicaba las cosas, y otro despropósito ambiental. Ya que lo lógico hubiera sido que los pueblos de alrededor hubiesen disfrutado de estos productos y hubiesen sido los primeros en poder consumirlos, ¿por qué motivo?

Pues primero porque al abaratar el coste del transporte serían más asequibles y económicos, segundo porque llegarían más frescos y con más vitaminas y nutrientes, tercero porque los recursos en general (esfuerzos, tiempo, energía, materia prima) invertidos en los procesos serían los mínimos, al ir prácticamente del productor al consumidor.

Mínimo coste, mínimo transporte, mínimo impacto ambiental, máximo beneficio.

Punto más a mi favor el hecho de que era una realidad que los productos que producía esa huerta eran consumidos habitualmente por los habitantes de esos pueblos de alrededor... Sin embargo, la compleja estructura económica y de mercado que tenemos montada, hacía que al final esta clara y sencilla solución que, con mi sentido común y mi desconocimiento veía tan eficaz y positiva, no fuese real.

Las verduras de este huerto no se distribuían por allí, iban repartidas a diferentes puntos lejanos de la provincia de Madrid y otras provincias incluso. Mientras que los productos que yo compraba en la frutería y verdulería del pueblo eran traídos de Murcia, Almería Granada o Logroño. En términos de organización global, ¿tiene esto algún sentido? ¿Respeta algún orden lógico que no sea el del dinero y sus extraños flujos actuales?

La respuesta es que no. Una de las causas de tal despropósito y desperdicio era que los habitantes de a pie de aquella zona y en general aún hoy, después de diez años, desgraciadamente, opinan o creen que lo ecológico es más caro, y de entrada se niegan a comprarlo, bajo la premisa de que "no pueden permitírselo". He visto a madres con la cesta de la compra escatimar en la calidad de unas patatas, por 20 céntimos menos y luego pagar alegremente una botella de refresco azucarado de dos litros, que no solo no es un alimento indispensable, sino que es un lujo y en ocasiones un veneno propiciador de diabetes y otros males.

Parece que no tuviéramos clara la relación entre la calidad de lo que comemos y nuestra salud y capacidad para ser felices.

No había demanda suficiente de productos ecológicos, lo cual hacía que se distribuyeran lejos de allí, con el consiguiente aumento de precio.

Claro está, estas personas desconocían completamente el impacto sobre la vida y la tierra de los fertilizantes, los pesticidas, así como el impacto sobre su propia salud y la de sus descendientes.

Simplemente, por otro lado, el montaje comercial, la complejidad de los mercados no tienen en cuenta el coste global. El coste de llevar y transportar frutas y verduras de un lado a otro está externalizado. Lo pagamos todos cuando suben los carburantes.

Una vez más una triste consecuencia de la fragmentación de la economía y de los procesos. Parece ser que hoy día no hacemos apenas nada que sea realmente rentable, eficiente y económico en términos globales planetarios. Así, desperdiciamos abundantes recursos, y energías, en cada proceso por separado. Además de estar agotando zonas enteras para poder continuar una obsolescencia programada que mantenga la rueda girando.

Al separar todo en parcelas estancas, el proceso global se pierde, y una vez más el sentido de las cosas también.

Pregunto yo, si somos tan avanzados y tan inteligentes, hoy día, ¿cómo se puede consentir en un planeta con crisis energética que las verduras anden viajando de unas zonas a otras, para ser consumidas?

No parece inteligente en un planeta donde el petróleo es finito y sale cada vez más caro extraerlo, malgastar toneladas de él en transportar verduras y frutas de unas zonas a otras, en lugar de optimizar la cercanía de las producciones con los consumidores siempre que esto sea posible; deduzco de todo ello un gran ahorro energético y de tiempo. Por alguna razón el sistema está organizado de otra manera, y funciona ajeno a todo esto.

Claro de este modo un pequeño productor ecológico aún cuando su producto es natural y menos costoso, en cuanto a químicos y recursos, no puede competir con un macro invernadero. Si además sumamos el transporte y la distribución, estos productos ecológicos resultan al final más caros, por lo cual, siguen estando fuera del mercado y de la posibilidad del consumo público mayoritario, y sólo unos pocos podemos valorarlos y apreciarlos. El resto siguen pensando que no merece la pena, aun cuando su salud mejoraría consecuentemente si se usaran. No es que opine que haya que ir a comprar productos ecológicos al quinto pino, sino que opino que todo debería ser hoy día ecológico, realmente lo artificial ni es necesario ni tiene ningún sentido. Menos aún cuando hay hectáreas de campo desaprovechadas en todo el planeta y miles de personas desempleadas.

¿No es normal que fuesen más baratos aquellos que no requieren químicos que los otros? La respuesta es sí, pero al no haber demanda y ser más caro el transporte, al final, cuando llegan, están encarecidos y no pueden competir con los otros, pero si la respuesta es que son más "baratos" y más "baratos" para la vida y para el planeta…

Otro punto en cuanto al rendimiento y al precio es el empeñarse en cultivar productos y verduras que no son de la temporada ni de la zona.

Lechugas y tomates en invierno, cuando son de verano, requieren de más químicos, ayuda para crecer, invernaderos y agua, que no son necesarias si cultivamos verduras de temporada.

Como ya hemos visto en capítulos anteriores, en cada temporada crecen las plantas que son adecuadas para ese momento, y lo hacen sin grandes esfuerzos ni riego, ni cuidados especiales. Corresponden al flujo energético natural del planeta, al ciclo vital.

Sin embargo, en esta incultura y desconocimiento que hemos llegado a tener, nos empeñamos en comer cosas fuera de temporada, por un lado son más caras, requieren de químicos y fertilizantes para ayudarles a crecer ya que la energía es contraria a la que necesitan, e incluso plaguicidas para protegerlos de las plagas ya que estas verduras fuera de su temporada son más vulnerables y débiles. Así estamos con un mercado alimenticio basado en macro y mono cultivos, en el que se ha reducido considerablemente la oferta, y nos hemos quedado con las verduras más rentables, expansivas y desfavorables, justo aquellas que son de América, y no de aquí. Pimiento, tomate, berenjena… han invadido y desplazado a nuestras verduras europeas antiguas, con la llegada de Colón de América.

Este desequilibrio de ir contra natura siempre tiene un coste alto. Todo ello sin tener en cuenta que al comer productos de otro clima y otra temporada nos desadaptamos al clima real y esto nos hace enfermar. Si en invierno como pepinos y lechugas que son de verano, me enfriaré y resfriaré, mientras que si hubiera comido calabaza y zanahorias que son verduras de invierno esto no me habría pasado. Pero además hay que tener en cuenta que gastaré mucho más agua para obtenerlas fuera de temporada, una vez más otro recurso escaso hoy día. El agua.

Otra vez más tenemos un puzzle con piezas mal colocadas, cuyos errores hay que ir desmontando para ordenar la realidad, de manera que el conjunto global sea organizado y eficiente, como lo es en sí la naturaleza.

Tan solo tenemos que observar la forma en que se organiza el planeta, su danza.

Hay un flujo y unos movimientos siempre son el mínimo esfuerzo y el máximo aprovechamiento.

Los mismos organismos que descomponen un ser que ha muerto, sirven de alimento para las plantas que crecen en ese lugar, que a su vez ayudan a otros muchos a completar su ciclo.

En la naturaleza todo se contempla, desde el comienzo, y se aprovecha hasta el final, no hay nada inútil y todo tiene su momento y su porqué. La naturaleza sigue la ley del mínimo esfuerzo y la máxima rentabilidad natural de la energía, y así es abundante y próspera cuando no intervenimos para estropearla, claro está.

Nosotros, al fragmentar los procesos perdemos en el camino el sentido, recursos, energía y dinero.

Era triste ver como, por otro lado, mis vecinos agricultores de los campos de alrededor, tenían todos el sistema nervioso mal a partir de ciertas edades, y la población anciana estaba muy degenerada y enferma. Debido a estos mismos químicos que usaban para sus propios cultivos, muchas veces de forma innecesaria para prevenir plagas inexistentes. O por miedo a posibles pérdidas que la mayoría de las veces nunca ocurrían, y si lo hacían tampoco compensaban realmente el gasto en químicos y mucho menos el impacto sobre la propia salud y vida.

Veía sus temblores en cabeza, manos y pies, el Alzheimer, Parkinson y otros desórdenes; sin embargo ellos aún sospechando algo, seguían usando estos químicos y considerando "caros" los productos ecológicos del huerto del pueblo cercano. Exactamente igual que los bichos de sus cosechas que paralizaban con estos venenos, actuando sobre sus sistemas nerviosos, acababan teniendo el suyo afectado, tras el contacto durante años, aún así no veían la relación. Simplemente actuaban de forma automática y programada, como ¿"siempre"? se había hecho, o al menos, como les habían contado sus padres de pequeños.

De nuevo no estamos teniendo en cuenta los gastos médicos y en farmacia de estas enfermedades; quizá si los tuviéramos, veríamos que en realidad las ecológicas no son tan "caras" en términos globales de presupuesto mensual.

Y ahora nos encontramos con el drama de que la salud pública está a la venta, porque da pérdidas, cuando los gastos de enfermedades como el cáncer, degenerativas y provocadas por la alimentación y el tabaco están desbordando los presupuestos reales de los países para la sanidad pública.

Quizá estamos ya demasiado enfermos y la salud no es un negocio tan rentable a menos que se externalice y se convierta en el salvase quien pueda.

Tal vez estos reequilibrios de cobrar las recetas y subir los gastos médicos sea la única forma de que nos responsabilicemos de nuevo por nuestra alimentación y nuestra salud, y recuperemos los verdaderos valores, quizá sea la única forma de que prioricemos lo importante.

Tal vez solo así decidamos comprar esas verduras "más caras" cuando veamos que las medicinas para los nervios cuestan cinco euros de nuestro bolsillo y no son "gratis". No digo que esté bien esta reforma, pero sí que es una consecuencia directa de un sistema de creencias poco realista y práctico.

Desresponsabilizarse por completo de nuestra salud, alimentándonos de cualquier forma, y luego pedir salud gratuita al gobierno para arreglarnos los males que nos hemos causado nosotros mismos con nuestra falta de cuidado hacia nuestro cuerpo.

Por la época que la macrobiótica llegó a mi vida, yo consumía carne de la carnicería del pueblo, tenía un sabor bastante mejor ya que decían que, como el hermano del carnicero tenía una frutería, alimentaban al ganado con la verdura y fruta sobrante, y yo pensaba que esto era más saludable.

También utilizaba las verduras que encontraba en el supermercado en mi dieta diaria, en su mayoría patatas, pimientos, berenjenas y tomates, pues desconocía que estas verduras habían sido traídas por Cristóbal Colón de América y no eran de aquí. Así contenían una sustancia, la solanina, que es un "veneno" que resulta complicado eliminar por el organismo. Esta sustancia tiende a acumularse en zonas de circulación energética lenta produciendo artrosis, artritis y calcificaciones varias en tejidos blandos. No es muy recomendable para su consumo habitual. Sin embargo esto la gente no lo sabe, y los supermercados están llenos de estas verduras tan poco saludables.

En América estas plantas eran ornamentales, no alimenticias. Pero su cultivo resulta sencillo y "barato". Y aquí se pusieron de moda y desplazaron a las sencillas verduras autóctonas.

Estas verduras han desplazado hoy totalmente casi a las autóctonas, como el puerro, las coles, las zanahorias, los nabos, las chirivías, y otras muchas que son mucho más sanas. Además como estas verduras son de un clima tropical son muy expansivas, engordan y ayudan a retener líquidos, cuando las de aquí no engordan.

Estas verduras por su rapidez de crecimiento han invadido hoy los mercados sustituyendo a las que sí eran de aquí en nuestras mesas antiguamente, antes de Colón, claro. Saber popular perdido en el tiempo.

Y para cultivarlas estamos gastando muchos más litros de agua que si cultivamos las que crecen naturalmente en nuestro clima, pues no olvidemos que el clima tropical es mucho más húmedo que el nuestro.

Todo organismo fuera de su entorno es más débil, y todo organismo débil es atacado por plagas, parásitos y depredadores, de ahí que para el cultivo de este tipo de agricultura sea necesario el uso de más recursos naturales, invernaderos, fertilizantes, pesticidas, mucho más agua.

Nuevamente vemos recursos malgastados cuyos costes, la producción masiva y la demanda, pueden absorber, pero no a nivel ambiental, donde muchos ríos ya están secos a cuenta de macro-invernaderos de gasto de agua masiva.

Nuevamente otro desorden que con un poco de cultura podemos evitar. Comprando verduras de temporada, locales, y dejando de utilizar estas verduras de fuera de zona y temporada, ganaremos varias cosas: delgadez, belleza, salud y medio ambiente.

Cualquier persona que tenga un huerto biodinámico o ecológico sabe que hay verduras como las calabazas, las coles, etc. que crecen tranquilamente con muchas menos necesidades en su época.

Como consumidores tenemos el poder de cambiar las cosas o seguir pagando con nuestro dinero estas cosas tan absurdas, a la vez que poco saludables. Verduras para hoy y sequía para mañana.

Con que simplemente aumentara la demanda de productos ecológicos, bajaría su precio.

Hay mucho que ver aquí, estamos empeñados en que en Inglaterra y el norte de Europa hace falta comer frutas y ensaladas durante el invierno, en unas cantidades que allí simplemente con el clima que hay, no crecen. Y atendiendo solamente a las vitaminas que estas frutas contienen y no, en absoluto, a la energía hidratante y refrescante de estas frutas, justamente en un clima ya húmedo y fresco.

En lugar de incrementar los platos de verduras, las cuales hay que limpiar y preparar, y hoy día con el tipo de vida que llevamos carecemos además del tiempo para ello. Pagando impuestos e hipotecas y metidos en la rueda del ratón de la productividad y la rapidez del mundo actual, además no tenemos tiempo apenas más que de trabajar. Es mucho más sencillo comer cualquier cosa y tomarse una fruta que sólo hay que pelar, que comer verduras regularmente, las cuales requieren una preparación, limpieza y cocción. U obtener la vitamina C de los chucruts y fermentados como se hacía antiguamente. De esta forma hoy estamos produciendo y llevando cantidades descomunales para el planeta de fruta, a estos países del norte en invierno.

En primer lugar estos productos son absolutamente artificiales y carísimos. En segundo lugar, las personas comiendo allí fruta en invierno se resfrían y desequilibran. Han aumentado en los últimos años el número de enfermedades respiratorias en estos países; este aumento es producido por la humedad y mucosidad que producen las frutas cuando se consumen fuera de temporada y de su zona. En aquella zona si en invierno no hay fruta, es porque la naturaleza considera que no hay que comerla.

Todo esto aumenta los gastos hospitalarios, farmacéuticos y médicos de la población.

Pero además lo que no vemos es el coste planetario de esta acción, comercial, y caprichosa, por parte de empresas y consumidores.

Estas frutas llevadas desde los macro-invernaderos del este de África, dejan los grandes ríos sin agua antes de llegar al final de su cauce; estos ríos ya no llegan al mar. Se agotan antes, y su agua se marcha en forma de "cestitas" de fruta hacia el norte de Europa, países ricos, como artículos de lujo y capricho, dejando a su paso zonas desiertas, muertas, sin vida, y hambre y pobreza para plantas, animales, ecosistemas y pueblos enteros.

Nuevamente el coste real de estas verduras está "externalizado", es decir, que no lo paga el país que lo consume, ni la empresa que se enriquece vendiendo estas verduras, si no el país en donde se está haciendo la aberración planetaria.

Allí, en el norte de Europa, se consume esta fruta fabricada artificialmente, y al ser el clima tan diferente se enferman, cogen virus y desórdenes respiratorios por su causa. Más negocio para otra industria, la farmacéutica. ¿Cómo podemos tener tal falta de consciencia y cultura?

Antiguamente se consumía lo de la época, mucho más sencillo, la población estaba mejor adaptada al medio.

El cuerpo cuando come un producto con agua, de verano, se prepara para retener agua y se refresca, y si el clima es frío, hay que expulsar este "frío" guardado en forma de mucosidad, generándose un resfriado, es decir, cogiendo el virus que te ayuda a limpiar y eliminar estos mocos y este frío, como creo que ya he explicado en capítulos anteriores.

Aún no tenemos en cuenta el petróleo consumido al mover estas verduras… Pero sería otro punto a mencionar que ya expuse anteriormente. ¿No parece que estemos gestionando demasiado bien todo esto, verdad?

Es urgente según mi visión, que reconozcamos esto, porque solo con una actitud consciente e informada, podremos dejar de usar estos productos y dejar de usar nuestro dinero en agravar algo que luego no queremos tener como efecto en el planeta; todos queremos un futuro para nuestros hijos y los hijos de nuestros hijos.

Interrumpir el flujo del agua, y agotar ríos, no parece una buena idea.

Comprando solo verduras de temporada, y lo más cercanas de la zona en donde vivimos, fomentamos el intercambio y el comercio local, que además son formas de salir de la crisis, son soluciones al alcance de todos, sencillas.

Solo cuando cambie la demanda cambiará la oferta. Si comenzamos a pedir estas verduras, hoy día hay numerosas empresas que las traen incluso a domicilio. En un breve lapso de tiempo el consumo cambiará y la producción tendrá que adaptarse a la demanda. Y llegará el día en que podremos comprar huevos, leche, verduras, cereales y legumbres ecológicos en todos los supermercados.

Consumir productos con la tranquilidad de que no llevan sustancias nocivas. Y a precios asequibles y justos para todos. Con ello estaremos fomentando además el empleo autónomo y la mayor libertad. Estaremos cambiando el mundo, con un pequeño y saludable gesto.

Y podremos empezar a desenredar una madeja de un nudo cuyo principio hace tiempo que perdimos de vista.

Tras estas reflexiones que por aquel entonces descubrí, Home y La hora once fueron dos películas que me abrieron bastante los ojos. Ambas puedes encontrarlas gratuitamente en internet. Regreso a contarte mi proceso personal de cambio.

CAPÍTULO 11
¿ERES UNA PERSONA CONSCIENTE, SANA Y FELIZ? AUTOEVALUACIÓN

Probablemente crees que tu alimentación es perfecta e incluso "muy sana"; a menudo en mis charlas conozco a personas "saludables" que están enfermas.

Primero comienzan a decirme que su dieta es "muy sana y natural", luego empiezan a enumerarme que tienen alopecia desde hace cinco años, reumatismo y artritis, que son celíacos, y un largo etcétera.

Cuando escucho lo que comen, empiezo a comprender exactamente los desequilibrios que están haciendo desde hace años. Bajo la premisa "mental" claro, eso sí, de que algunos productos son muy naturales y saludables.

Déjame decirte una cosa… si tu alimentación es equilibrada y correcta, saludable, y tu vida adecuada para tu ser, has de encontrarte sano, feliz, y en estado óptimo de energía.

Si estás enfermo, con cualquier tipo de síntoma, infeliz, triste o cansado, déjame decirte que NO estás alimentándote adecuadamente. Los síntomas físicos siempre son un semáforo del desequilibrio en la vida y en la dieta. Aquí es importante acudir a un experto en sanar con la alimentación para que te ayude a ver dónde está el desequilibrio y lo puedas subsanar. **Cuando hablo de alimento no hablo sólo de comida sino de energías presentes en la vida, relaciones emocionales y pensamientos; todo esto es "alimento" para**

el cuerpo o para el alma, y en mi opinión afecta igualmente.

La casualidad no existe, no nos cansamos de repetirlo, pero luego pensamos que lo que hacemos es correcto, y el cuerpo por alguna extraña razón no funciona bien.

Si estás alimentándote bien a un nivel físico y energético responderás *sí* a todas estas preguntas, y si alguna no es un *sí* será un: "todavía no, pero soy consciente y estoy en ello." Salvo las tres primeras que serán un claro *no*:

1. ¿Te duele el cuerpo?
2. ¿Tienes alguna enfermedad diagnosticada?
3. ¿Te duele la cabeza a menudo?
4. ¿Eres una persona alegre?
5. ¿Te gusta tu trabajo y te ayuda a expresar tu creatividad?
6. ¿Tus relaciones son armoniosas y no tóxicas?
7. ¿Tu vida actual es divertida?
8. ¿Tus relaciones sexuales son agradables, satisfactorias y amorosas?
9. ¿Eres próspero?
10. ¿Tienes un propósito claro en este momento para este año? ¿Para este mes? ¿Para este día?
11. ¿Te gusta tu cuerpo?
12. ¿Cuál es tu visión de la muerte?

Si eres saludable, te gustará tu trabajo y el lugar donde vives, estarás en el peso más o menos ideal casi siempre. Dormirás bien. Tus relaciones serán equilibradas, amables, y no tóxicas. Tu trabajo te permitirá desarrollar tu creatividad y te mantendrá en la abundancia. Sentirás amor y alegría todos los días de tu vida. Dispondrás de tiempo para ti y para tus aficiones. Tendrás proyectos y sueños. Tendrás amigos y amor en tu vida. Y, sobre todo, tu cuerpo te gustará y no te dolerá, ni tendrás síntomas físicos, más allá de alguna molestia pasajera y puntual, que ni siquiera requiera de medicamentos fuertes. Tu casa estará limpia y ordenada casi siempre. Cada día será una oportunidad creativa de disfrutar. Y cuando estés triste lo procesarás en el mismo día, sacando las conclusiones que te ayuden a usar esta emoción como un semáforo, para ser aún más saludable y feliz en el futuro. La señal de que actualmente estás viviendo y no sobreviviendo será que no tendrás miedo a la muerte.

En cualquier otra situación en tu vida no hay equilibrio, lo cual llevará al estancamiento y probablemente a la enfermedad y no a la consciencia y la plenitud.

Que es dónde quieres estar.

No Ir. Estar.

Es muy diferente ir hacia algo, que Estar ya.

La mejor manera de no lograr nunca algo, es ponerlo en un futuro. Estar en búsqueda es la forma ideal de huir del presente, de lo que sí es ya hoy. Y perderse la vida.

De manera que si decides, y es tan sencillo como una decisión Ser tú mismo: **Decídelo YA. Decídelo HOY. Empieza ahora mismo.** Sé el cambio que quieres ver fuera.

- Si deseas una vida divertida, sé divertido.

- Si deseas una vida creativa, sé creativo.

- Si deseas amor, empieza por amar tu casa, tu cuerpo, el viento, cada cosa que veas y te encuentres.

- Si deseas un nuevo trabajo, empieza a crear algo nuevo y ofrécelo al mundo. Desde lo que ya eres hoy.

- Si deseas prosperidad, mira y agradece todo lo que tienes.

- Regálate amor, cuidado, atención y tiempo.

- Deja de tiranizarte obligándote a hacer cosas que no quieres, deja de exigirte y permítete vivir.

- Respeta lo que hay en tu interior.

- Date el permiso de vivir con amor.

- Empieza en este mismo instante. Acomoda tu cuerpo. Revisa tu postura corporal.

- Relájalo, mira si está cómodo, y suave. Si deseas algo.

- Pon consciencia y presencia a tus mañanas grises. Alégralas con tu música favorita.

- Date lo mejor que tengas siempre para ti a tu alcance en cada sencillo momento.

- Conviértete en alguien tan amoroso y compasivo contigo mismo que desprendas y reboses amor y compasión por donde vayas. **Porque solamente cuando nos damos y permitimos ese amor a nosotros mismos nos convertimos en el puro amor que siempre fuimos, y es entonces cuando realmente podemos cambiar el mundo entero.**

CAPÍTULO 12
OTRA VISIÓN DEL CÁNCER

Antes de continuar quiero dedicar a tratar en un capítulo este "problema" o cuestión, ya que, aunque no deseo que esta obra se centre en lo negativo, sino en lo positivo que se puede hacer para mejorar. Me resultaba un tanto inconsistente no hablar de algo que constituye un fenómeno que la humanidad está experimentando en estos tiempos. Sobre todo si se trata de "tomar consciencia" de lo que está pasando en el momento presente, para con ello "despertar", darnos cuenta y realizar una transformación. Por ello hablaré del cáncer y lo trataré como un mito, ya que realmente parece que una parte del sistema quiere hacer oídos sordos a la realidad, de que cada vez hay más enfermos, y cada vez más niños con este desorden, en un porcentaje que aumenta vertiginosa y escalofriantemente.

Se investiga y se busca la causa, pero si se mira históricamente, puede verse una sencilla pauta: en épocas de guerra y con hambre, no existe esta enfermedad.

Es una enfermedad del mundo rico, y más basada en excesos y desequilibrios de lo que se cree.

Paso a explicar de forma sencilla y resumida mis descubrimientos e investigaciones. Así como las fuentes de la información. La siguiente explicación es un resumen del libro de Andrea Moritz. "El cáncer no es una enfermedad."

La macrobiótica que estudié también considera el cáncer como una enfermedad de acumulación de toxicidad en el organismo y de detención de la energía vital o *Ki*. De forma que he unido ambas teorías y las he cohesionado para poder explicar y dar algo de luz al proceso de enfermedad más extendido en nuestros días. Todo ello sin perder de vista que personalmente creo que el cáncer nace de una profunda desconexión con la vida y con el alma, así como con el amor que somos y con nuestro corazón.

Es a mi parecer señal de haber tenido durante años una forma mental de procesar la vida. Una manera de ver la vida "pensada" no "sentida".

No olvidemos que según el Tao y los conocimientos de medicina china, es el corazón el órgano encargado de sentir alegría y Amor. El corazón es de hecho el único órgano del cual no existe cáncer. Mi cuestión ahora es: ¿Podría entonces afirmarse que es el Amor lo que lo cura o previene? Ahí lo dejo para que lo valores.

HISTORIA DE UN GRUPO DE CÉLULAS SOLITARIAS Y PERDIDAS

A lo largo de nuestras vidas, actualmente, consumimos muchas sustancias nocivas, sustancias que el organismo va eliminando paulatinamente, en una labor de eliminación y saneamiento increíble, así como de adaptación y supervivencia. Es notable la capacidad de resistencia, autocuración intrínseca y limpieza que tiene el organismo.

No obstante, ocurre que cuando la cantidad total de desechos que han de limpiar el hígado y los riñones superan ya sus capacidades depurativas, tras años de una alimentación incorrecta, el cuerpo inevitablemente empieza a acumular los excesos, engordamos, nos hinchamos de basura y de acidez.

Especialmente en lo que respecta a la acidez, es destacable el hecho de que margarinas, grasas saturadas y aceites de mala calidad, con sus componentes denominados ácidos grasos, van llenando el organismo y acumulándose y dificultan la circulación de nutrientes, oxígeno y energía por él. Ya que su propósito inicial es de hacer de aislantes eléctricos y térmicos, y protegernos.

No obstante, estudios recientes como por ejemplo los que narra el libro *La increíble dieta del PH* explican que las grasas insaturadas, al contrario, en sus enlaces libres, son capaces de "llevarse" y arrastrar estas otras grasas y partículas de hidrógeno, así como ácidos diversos del organismo, limpiándolo, y dejándolo más alcalino. Es decir, hay grasas que adelgazan y restablecen la circulación de energía en el cuerpo. Al contrario de lo que nos han hecho creer de que las grasas son siempre algo a reducir por ser perjudiciales. No es cierto, es una de tantas mentiras. Son únicamente las grasas saturadas las que van ensuciando el organismo, y estas se encuentran principalmente en carnes, embutidos, mantequillas, lácteos, y quesos. No obstante, hasta estas grasas, en pequeñas cantidades pueden ser asimiladas y aprovechadas por el organismo. Las que sí realmente son terribles y producen la mayor cantidad de muertes, hoy día, por infarto o por cáncer, son las químicas. Grasas vegetales, saturadas, hidrogenadas, es decir ahogadas con hidrógeno, las cuales no existen en la naturaleza, si no que son creadas en laboratorio, como las margarinas, y todas esas grasas que lleva la bollería industrial y los productos precocinados y procesados. Claro que... ¿cuántas madres dan a sus hijos margarina, pensando que lo que dicen en el anuncio de que es más saludable que la mantequilla es cierto? Después de todo está avalado por un nutricionista de hecho. Un nutricionista cuyo sueldo paga la empresa productora de la margarina. Una persona bien intencionada y buena, que si investigara tendría que iniciar una revolución, enfrentarse a un sistema preestablecido e incluso quizá dejar su trabajo. Digo esto para que veamos cuántas resistencias encontramos muchas veces a la nueva información, y cuantos motivos para no investigar más allá y creernos simplemente lo que hace 50 años nos aprendimos para pasar un examen.

Volviendo al proceso de acumulación del que hablábamos, sucede que tras años de un exceso de proteína animal y de estas grasas, que estamos comiendo (y que solo es posible de forma antinatural, porque estamos fabricando animales y de no fabricarlos artificialmente no existiría tal cantidad de carne, sino una mucho menos abundante, más sana, como sucedía antiguamente). Ocurre que el medio intracelular se vuelve denso, espeso, por un exceso de grasa y colesterol en general.

En torno a las células se densifica el medio en el cual se hacen los intercambios de desechos celulares, el medio en el cual los capilares intercambian los nutrientes, minerales y oxígeno y se llevan los ácidos metabólicos o desechos, resultados de las reacciones de las células. Cuando este medio se espesa, a los capilares cada vez les cuesta más llegar a cada célula, entonces explicándolo muy resumidamente, se empiezan a quedar grupos de células aislados a los que no les llega oxígeno, ni minerales ni glucosa; estás células se van ahogando es sus propios desechos metabólicos ácidos. Al verse sin alimento, en un medio ácido, mutan y empiezan a metabolizar este medio ácido y a reproducirse formando un tumor. Este tumor crece de la acidez, y se compone principalmente de grasas y proteínas, que es justo el exceso que estamos comiendo. Nuestro alimento principal debería ser el cereal, que es casi todo hidrato de carbono acompañado de pequeñas cantidades de proteínas y grasas sanas.

Esta célula no es maligna, en un principio era solo un quiste o cúmulo, pero llega un momento, que por sustancias cancerígenas, las cuales abundan en nuestro entorno, el ADN de la célula se ve mutado, o afectado, y la célula se desarrolla de forma autista y degenerada. Es una célula que se ve aislada del resto, y que muta para poder vivir en un medio ácido. Con esta reproducción anómala y acelerada, logra mantener cierta actividad y procesar la acidez del medio en el que vive. Ya no colabora con el propósito común de la vida del organismo mayor al que pertenece, sino que sólo se reproduce. Tal vez porque si no hubiera ni siquiera esta actividad el órgano se necrosaría y la acidez lo destruiría (al menos estas células se comen la acidez).

Vemos que no es que se vuelvan "malas", solamente tratan de sobrevivir. Es posible que de alguna manera nuestras células nos están contando lo que ocurre cuando comemos principalmente muerte, animales y proteínas en exceso. Los químicos añaden además una sangre ácida, como resumen y consecuencia, podríamos deducir que si dejamos de comer cosas con energía vital, nos aislamos del organismo, la tierra a la que pertenecemos y nos quedamos solos, nos convertimos en algo que pone en peligro la vida del conjunto.

Como decían los taoístas, como es afuera es adentro y como es adentro es afuera.

En lo que respecta a los cancerígenos y cómo afectan existe un libro: *El estudio de China*, donde se explica que no son los cancerígenos los que provocan el cáncer, los cancerígenos ayudan a la célula a mutar, sí, pero si no hay un exceso de acidez y de grasa y proteína animal en la dieta, no hay tampoco cáncer. Es necesario el factor de desequilibrio alimentario para que la enfermedad se dé, y además que el sistema inmunológico esté funcionando mal. El cáncer es una enfermedad multifactorial. Ya que tiene también importantes factores emocionales que más adelante explicaré.

Por eso creo que incluso si al alimentarnos tuviéramos en cuenta a todo el planeta y las implicaciones de lo que comemos, el cáncer desaparecería por completo.

El cáncer es una enfermedad de sociedades ricas; donde hay hambre no hay cáncer.

De hecho en sociedades como los Hunza, en el Tíbet no hay ni siquiera enfermedad casi. Podéis consultar *Que tu alimento sea tu medicina,* de Alex Jack.

Esto ya es razón para plantearse al menos un cambio de vida. No quiero hablar de cosas radicales, pues la gran masa de población ha de ir despertando y necesitamos un tiempo para que todo cambie. Pero si podemos ir dando pasos cada uno en nuestro consumo, y nuestra lista de la compra, para cambiar la dirección del consumo de alimentos actual y con ello, la dirección de la producción de la industria. Sin consumidores de productos venenosos no habría fabricantes.

RESUMIENDO UN POCO LAS IDEAS O NUEVOS PARADIGMAS QUE HE EXPUESTO ANTERIORMENTE

El cáncer parece ser el último recurso de un organismo contaminado y lleno de toxicidad para acumular los derechos ácidos en un bloque y mantener el resto del organismo con vida.

Según el doctor T. Colin Campbell, en su libro *El estudio de China*, el más completo estudio sobre el cáncer que se ha realizado en el mundo, la causa principal del cáncer es el exceso de proteína animal en la dieta. Numerosos estudios geográficos sobre enfermedades, y numerosos experimentos con ratones, pusieron de manifiesto varias cuestiones.

Los productos cancerígenos, como nicotina, dioxina, aflatoxina y otros, tienen la capacidad de acumularse en el organismo y producir mutaciones en la estructura del ADN, pero la causa que determinó de forma decisiva el desarrollo o no del cáncer, en todos los casos, fue la cantidad de proteína animal que contenía la dieta del animal estudiado.

Según el doctor Andrea Moritz en su libro *El cáncer no es una enfermedad*, cuando la cantidad de proteína y grasa saturada animal llenan el organismo y superan su capacidad de eliminación, empieza a acumularse formando depósitos de grasas en torno a los órganos y vísceras. Además, el medio extracelular en el que se produce el intercambio de nutrientes, desechos y oxígeno, comienza a espesarse, lo que produce una dificultad de las células para conseguir nutrientes, y eliminar desechos.

Llegado a este punto hay que aclarar que los desechos celulares son ácidos, mientas que los nutrientes necesarios para las reacciones metabólicas son minerales y vitaminas y oligoelementos, todos alcalinos. El espesarse de este medio intercelular dificulta el acceso de los capilares a cada célula, como consecuencia de ello, empiezan a formarse grupos de células asiladas; cuando estos grupos de células empiezan a quedarse aisladas, y cubiertas por una capa de grasa, no pueden alimentarse ni realizar sus funciones, y se quedan sin oxígeno ni nutrientes y ahogadas en una capa de acidez creciente. A estas células no les queda más remedio que mutar, para poder realizar alguna actividad y no morir. Empiezan entonces a realizar una reproducción acelerada, y a consumir esta acidez, para que al menos haya actividad en el grupo, de otro modo la acidez destruiría el órgano.

Estas células mutadas deberían ser detectadas por el sistema inmune y eliminadas, pero en estos casos el sistema inmunológico se suele hallar comprometido y en mal funcionamiento, debido a una dieta inadecuada, falta de minerales y otras condiciones de falta de inmunidad y salud.

Tendríamos entonces un tumor, propiamente dicho, y un cáncer en ciernes.

Posibles causas del cáncer

Según la macrobiótica, como ya he dicho, el cáncer es una enfermedad multifactorial. En ella actúan diferentes factores.

La parte genética, puede oscilar entre el 5% y el 8%, pues se ha comprobado que en japoneses cuyo cáncer principal es el de estómago, cuando se mudan a vivir a Norteamérica, la siguiente generación desarrolla el cáncer típico de Estados Unidos y no el de estómago, que es el de Japón. En múltiples estudios de migraciones se ha comprobado este hecho; esto nos indica que es el ambiente, y sobre todo los hábitos y alimentación los que lo terminan desarrollando, y no la predisposición genética, que puede no ser suficiente. Ver *El estudio de China* del Dr. T. Colin Campbell.

Otro factor claro, es la cantidad de proteína animal existente en la dieta; está demostrado que en época de hambre o crisis post guerra, hay menos cáncer. Lo mismo en sociedades pobres, mientas que en épocas de riqueza, consumiendo más leche, carne y productos típicos se desarrolla mucho más.

Otro factor lo constituyen los problemas emocionales sin resolver, cada vez más se está comprobando que numerosos tipos de cáncer y enfermedades degenerativas tienen su origen en problemas emocionales antiguos sin resolver.

Pero sobre todo, muchísimas personas son diagnosticadas de cáncer tras un problema emocional serio e importante. Esto es mucha casualidad como para no tenerlo en cuenta.

También según la macrobiótica existe un patrón emocional detrás de cada tipo de cáncer. Y según la biodescodificación es increíble la frecuencia con la que coinciden las supuestas causas emocionales con los diferentes tipos de cáncer. Pero de todo esto ya habló el doctor Hammer, y de hecho, a día de hoy, la Medicina convencional sigue ignorándolo como si de superstición y brujería se tratara.

Lo que muchas personas no saben es que los médicos estudian todo sobre la enfermedad, pero no sobre cómo mantener la salud. De hecho, la nutrición es una pequeñísima parte de sus estudios. Curioso. En mi opinión y en la de Hipócrates, "Somos lo que comemos" en gran medida. Además de lo que pensamos y lo que sentimos. Pues somos mucho más que sólo un cuerpo físico o una máquina biológica.

Otra causa es el estrés o estado de miedo continuado. Vivir desconectados de la vida natural y de nuestro cuerpo físico. En las personas con cáncer suele haber un patrón de vida muy mental, y un cuerpo muy rígido y abandonado.

El cáncer implica que un tipo de excesos han sido demasiados para el organismo y este los ha acumulado en lugar de eliminarlos normalmente, además significa que el sistema inmunológico está seriamente comprometido y débil.

Es un estadio avanzado degenerativo del organismo, que suele ir de menos profundo a más profundo, y salvo que la persona haga cambios, cada diagnóstico con cáncer suele ser más profundo y complejo que el anterior, porque con los tratamientos médicos actuales, lejos de curarlo, lo que hacen es que la toxicidad penetre en el organismo más profundamente, y lo único que se logra es retrasar el momento del duro final, pero no curar.

Estadios Pre-cáncer

1. Existe un primer estadio en el que el organismo empieza a acumular excesos que no puede eliminar, pero tarde o temprano va logrando eliminarlos.

2. Estadio eliminación anormal, fiebre, diarrea, catarros repetidos, enfados caóticos, dolores de cabeza, estreñimiento, enfermedades y síntomas variados en los cambios de estación.

3. Eliminación por la piel. Lunares, piel grasienta, eccema, piel muy seca y ojos amarillentos y con grumos son una condición precancerosa.

4. El cuerpo empieza a acumular sinusitis, quistes, divertículos, miomas, pólipos, etc.

5. La acumulación empieza a degenerar la sangre, la linfa, y los tumores. El tumor es el desecho de basuras del organismo. Cuando se extirpa se esparce la basura por todas partes.

El cáncer es una enfermedad de todo el cuerpo, es su forma de recuperar el equilibrio; supone una creatividad en el órgano afectado negativizada. Una creatividad no expresada.

Características comunes

- El nivel de vibración de la persona es muy bajo, son personas con un aire pesado, sin brillo.

- Cargan todo de importancia, todo es muy importante.

- Hay poca alegría, poca vibración.

- Poca o nula confianza en la vida.

- Un alto grado de mentalismo y autoimportancia. Todo es muy pesado, muy importante.

- Se pierde la capacidad de crear, de flexibilidad ante la vida y los cambios.

- La persona normalmente está cristalizada, en mente y en cuerpo.

- Es una previsión de vida muy materialista, por eso los enfermos de cáncer no sufren degeneración o desgaste, son "creadores" de cáncer. Pues el cáncer es su creación expresada.

- Para estas personas la realidad material es muy importante. La única importante.

¿Por qué no se tiene en cuenta la energía de los lados del cuerpo?

En mis estudios de la energía hay algo importante y que salta a la vista, es el yin o fuerza expansiva y el yang o contracción; es evidente que esto se encuentra en nuestra realidad como forma intrínseca de la vida en todas sus facetas. En nuestro organismo hay canales energéticos que canalizan la energía ascendente de la tierra y la descendente del cielo, y es considerablemente diferente el lado derecho del izquierdo, a la hora de curar. En medicina china o en macrobiótica se da mucha importancia a si el tumor está en el pecho izquierdo o derecho, por ejemplo, pues la causa energética varía; el uno depende más del hígado y el otro del bazo. Y existe todo un tratado de acupuntura basado en estos meridianos y distinciones del flujo energético del cuerpo humano.

Sin embargo, la concepción de la naturaleza materialista de la medicina convencional ignora todo esto, y trata igual un lado que el otro.

Esto hace dudar mucho del método científico y su capacidad de observación.

Ahora paso a explicar brevemente las pautas que se estudian en "macrobiótica" y cómo hacemos en nuestro tratamiento de esta "enfermedad", o mejor dicho, "condición física", para tratar de devolver el equilibrio. Así como las pautas repetidas que se han encontrado en cuanto a la alimentación y patrones mentales, por si sirve para dar alguna luz y soluciones posibles.

En nuestro paradigma energético vamos a distinguir entre cánceres yin, y cánceres yang.

Algunos cánceres como el de hígado y pulmón, o útero, o páncreas, son yang, causa proteína animal, pero necesitan de yin tipo alcohol y azúcar para poder desarrollarse.

Cánceres tipo yin	Cánceres tipo yang	Cánceres mixtos
• Mama, pero la derecha es más yang • Linfático • Piel • Leucemia • Esofago • Boca • Laringe • Estómago superior • Parte externa del cerebro	• Páncreas • Recto • Próstata • Hígado • Cerebro centro • Ovarios • Colon • Huesos • Útero • Cuello del útero muy yang	• Lengua • Pulmón • Vejiga • Bazo • Riñón

Aquí dejo un breve y rápido resumen de las causas principales de los cánceres según la macrobiótica que yo estudié:

• **Colon:**

Causa principal: carnes rojas.

Factor que ayuda a la diseminación: alcohol harinas y refinados.

Causa emocional o carácter: Tacañería.

• **Páncreas:**

Embutido, marisco, huevos, caviar y ahumados.

Diseminan y aceleran: alcohol, azúcar y queso azul.
Causa emocional: Exceso de autoexigencia y trabajo.

- **Mama:**

Lácteos, leche, nata, azúcar, helados.
Disemina las frutas tropicales y dulces.
Derecha: desprotección y problemas con la pareja
Izquierda: problema con la madre y la feminidad.

- **Próstata:**

Proteína animal, carnes, quesos, fruta, leche, alcohol.
Causa emocional: Castración, no permitirse disfrutar.

- **Melanoma:**

Pollo y huevos, piel de gallina.
Factor de diseminación azúcar y alcohol.

- **Estómago:**

Sal y glutamato monosódico.
Causa emocional: No digerir la vida, exceso de preocupación y mentalismo.

- **Ovarios:**

Huevos, proteína animal, estrógenos sintéticos.
Causa emocional: Sexualidad femenina castrada y negativizada.

- **Vejiga:**

Químicos, aspartame, sacarina, nicotina.

- **Huesos:**

Huevos.

- **Útero:**

Quesos curados, carnes, huevos. Grasas.

Rechazo por la vida: la feminidad, la maternidad, entre otros. Culpa abusos sexuales en el pasado.

- **Leucemia, linfa:**

Exceso de yin, azúcar, lácteos, y químicos yin.

Debilidad, falta de amor.

No te pido que lo creas, simplemente observa y pregunta, verás cuantas coincidencias encuentras, sorprendentes, aunque sin demostrar ni investigar por la "ciencia" actual. Aun en su convencionalismo de orientación materialista, ignorante que otras realidades más sutiles.

Hemos visto en éste capítulo uno de los procesos degenerativos que está sufriendo la humanidad actualmente, causa de bastante dolor y tristeza en muchas vidas, el cáncer infantil es una realidad en aumento considerable, a la que hacemos ojos ciegos, por el dolor y la evidencia que presenta. Simplemente si miramos las cosas desde un poco más lejos, y encontramos causas, tal vez puedan ahorrarse unos cuantos millones de dólares en investigaciones de la enfermedad para frenarla a posteriori, cuando mirando la salud, y cómo generarla y mantenerla podríamos simplemente evitar que se produjera.

Ahí lo dejo para que cada cual se cuestione hasta donde le parecen lógicos y de sentido común los estudios y conocimiento que aquí os he compartido.

No es una cuestión de ser radicales, ya que simplemente estoy hablando de lo que es respetuoso con la vida y el planeta, y equilibrado, y lo que es un desequilibrio y un exceso insostenible. Pues durante años en consultas he verificado con qué exactitud se corroboran estas pautas sin dejar de sorprenderme cada vez.

CAPÍTULO 13
CONCLUSIONES FINALES

Hoy día las cosas han cambiado en mi vida, he sustituido el *tener* y el *hacer* por el *ser* y *sentir*.

He dejado de trabajar y luchar por conseguir cosas, y lo que deseo adquirir es experiencias, aprendizaje, crecer como persona y compartir con los demás.

He dejado de tener trabajos del ego, que solo me aportaban dinero para dedicarme a cosas en las que siento que estoy ayudando a vivir en una sociedad mejor; trato de ser cada día mejor que era el anterior.

Ya que siento que si hago consciente a una sola persona del impacto en su cuerpo de comer un exceso animales; el impacto en el animal, y como es tratado; el impacto y el coste ambiental de la industria alimenticia en su totalidad, y esta persona cambia un poco sus hábitos, no solo contaminará de esta visión más profunda y completa de las cosas a sus conocidos, sino que enseñará a otros con su ejemplo. Así, uno a uno, paso a paso, haremos que la sociedad progrese un poco más allá de la era industrial y materialista.

Siento que podemos caminar hacia una era, holística, espiritual, pacífica, respetuosa con el orden universal, y mucho más allá de la época de superstición sin fundamento o del rigor científico fragmentado, sin corazón ni orden.

Esto me motiva a seguir en mi labor, le aporta un sentido a lo que hago, y siento que trabajo a favor de los ideales que apoyan la idea del mundo en el que me gustaría vivir y que desearía para mis hijos y para los hijos de mis hijos, y no al revés.

Hoy hago lo que me nace del corazón y no trato de ser lo que no soy, he dejado de compararme con otros, pues nada es comparable. Somos únicos entre lo diverso, ahora comparo y juzgo mucho menos, simplemente doy la información con todo el respeto y a riesgo de equivocarme, para que cada cual valore por sí mismo si le es útil o no, mi verdad es aquello que me es útil para avanzar. Ninguna otra.

He empezado a respetarme a mí misma y respetar el estado de evolución y conciencia en el que se encuentran toda alma y todo ser.

Da una gran paz saber que todos somos perfectos y que si hemos nacido es porque toda la creación y el cosmos lo han hecho posible. Ocho parejas y después dieciséis, se han unido para que seamos tal cual somos, y han hecho su evolución hasta dar lugar a que nos engendraran.

Entonces, bien merecemos expresarnos en nuestra unicidad y aportar nuestro granito para el bien común con libertad. Ya que nunca ha habido ni habrá nadie como tú. Eres único e irrepetible desde siempre y por siempre.

Somos un fractal de la consciencia cósmica y por ello importantes cada uno.

En lugar de luchar contra mí misma ahora voy a favor de mis gustos y características innatas.

En mi caso son habilidades comunicativas, creativas y artísticas, y me estoy en estos momentos encontrando por primera vez muy a gusto en mis zapatos. Ya no hay nada que lograr y el momento de poder es siempre el presente. Al aceptarme por completo ya no tengo que preocuparme de que me acepten ni valoren los demás, lo cual genera una gran tranquilidad.

Al haber dejado de luchar contra mí misma, tampoco lucho ya contra los demás, ni trato de imponer mi realidad o mis verdades, mi vida es pacífica, armoniosa, cada vez más.

Siento que durante mucho tiempo nos hemos contado la película de que ahí fuera hay un mundo hostil, en el que había que luchar para sobrevivir. Enemigos crueles de los que protegerse. Creo que somos absolutamente creadores de nuestra realidad, y que la creamos en base a lo que somos, y en base a un *Ki* armonioso y fuerte o descentrado y débil.

La mayoría de las veces los obstáculos los ponemos nosotros, las prisiones de las que no logramos escapar son nuestras propias limitaciones del miedo.

Los enemigos los imaginamos en nuestra mente. Ahí fuera no hay más que un universo enorme que, como un espejo, responde al mensaje interior que emitimos, así que para aclarar y allanar nuestras circunstancias y nuestro camino, el único trabajo que hay que hacer es aclarar hacia adentro nuestros espejos, limpiar nuestras ventanas y dejar entrar la luz del alma.

Entonces cuando hayamos llegado a nuestra pureza esencial, quitado toda interferencia, todo ruido, todo pensamiento, emoción o sentimiento resultado de una eliminación de *Ki*, antinatural y enfermo, nuestro emisor estará en calma, y el universo entero se aclarará, reflejando nuestro estado interno de claridad y paz.

Este trabajo de conexión y limpieza interior realizado por muchos, puede generar de pronto un planeta sano, feliz, y en paz.

Creo realmente lo que decía Einstein, que la pregunta más importante que un individuo puede hacerse es…

¿Es este un universo amigable u hostil?

Porque así como lo veamos o queramos concebir, se manifestará para nosotros como observador. Al igual que las partículas de electrones reaccionaban mostrándose como canicas en el experimento que conté, en base a la expectativa del observador de querer verlas. Esto indica que el mundo será como esperemos que sea, como lo concibamos con nuestras creencias más profundas.

Entonces, si todo nuestro mundo es una creación única de cada uno de nosotros, **¿resulta que solamente vivimos para confirmar nuestras creencias?**

Tengamos entonces creencias que nos ayuden a experimentar mayor felicidad, y no al contrario.

Hace tiempo que decidí cambiar mis creencias, por unas que me fueran útiles para generarme una vida feliz.

Cada uno de nosotros, en tanto que somos una pequeña parte del total, funcionamos como un fractal.

Un fractal es una estructura o patrón, que se encuentra por toda la naturaleza, como el toroide, o el tetraedro del agua, copos de nieve, telas de araña, arrecifes de coral, olas. Todas estas estructuras siguen esta fórmula: en cada pequeña parte está reflejado el patrón más grande o total. Se repiten en formas cada vez más grandes o más pequeñas en ambas direcciones, microcosmos o macrocosmos. Son formas que se repiten a sí mismas, todas con el mismo patrón, y a la vez diferentes, terminando formaciones de gran belleza. En cada una de las pequeñas partes se encuentra el patrón total. Si estudiamos estos pequeños fractales, tienen una curiosa característica, si modificamos una de sus pequeñas partes, introduciendo una variación milagrosa e instantáneamente, vemos como el patrón entero se modifica y este cambió, aunque sea pequeño, es reflejado al momento por cada una de las pequeñas partes que lo formaban. Y se refleja en todo el conjunto. Al instante. Es decir, afecta al todo.

Así de importantes somos en nuestra pequeña experiencia vital.

Estoy convencida que con cada pequeño cambio que hacemos en nuestro interior afectamos a la totalidad de la consciencia universal, y sólo por eso, por considerarnos un fractal, merece la pena cambiar. Igual no podemos eliminar la montaña, pero podemos, como aquel anciano sabio, empezar a moverla.

"Cuentan que en una aldea una gran montaña hacía que los niños creciesen raquíticos porque no les daba el sol apenas, y que una mañana un sabio anciano se encaminó hacia la montaña con una cucharilla en la mano, y cuando le dijeron que él con su cucharilla no iba a cambiar la montaña de sitio, respondió que ya lo sabía, pero que al menos podía empezar a quitarla."

Este cuento nos dice que, al menos, cambiando nosotros, comenzamos a lograr que el patrón entero se modifique un poco.

Tal vez no haga falta tanto y experimentemos un crecimiento exponencial hacia la consciencia y ese mundo en paz y armonía que todos soñamos llegue pronto.

Yo creo que saber que somos un fractal es motivo suficiente para cambiar y trabajar uno mismo.

A menudo perdemos el tiempo y la energía en tratar de cambiar a otros. No conozco una mejor forma de malgastarse y fracasar. Es imposible ayudar a alguien que no se ayuda a sí mismo o tratar de cambiar a otro.

La única forma de lograr transformación es centrarse totalmente en uno mismo, hacerse cargo de sí mismo y realizar esa mutación. Ello requiere dejar en paz a los demás y al mundo. Y enfocarse hacia dentro.

Sabiendo que todo el patrón de la humanidad se estará transformando en nosotros y con nosotros.

El proceso pasa por la toma de conciencia, comprender que la vida es un viaje, una aventura, entender la tierra, sus leyes, los ciclos del agua, de los alimentos, y no alejarse ni invadirlos.

Estudiar un aprovechamiento de los recursos para maximizar resultados con mínimo esfuerzo y coste planetario energético. Como hace la naturaleza, que siempre usa la mínima energía y logra la máxima eficacia.

Claro, esto requeriría el paso a una economía de recursos y el cambio de un paradigma de consumo y obsolescencia programada para el beneficio, por otro de máxima eficacia y duración de las materias primas (que son finitas).

Ya que uno de los errores de base de este y de cualquier sistema consiste en querer un crecimiento lineal ascendente, de ganancias, en un lugar donde todo es cíclico y finito. Ignorando el carácter cíclico de la vida y la finita parte material de este planeta.

Se nos rompe el corazón si vemos a un niño morir de hambre, y lo que hacemos es no verlo u obligar a nuestros hijos, sobrealimentados la mayoría de las veces, a comerse todo el plato, como si al no tirar ellos la comida, los otros niños fuesen a salvarse.

Cuando lo que se puede hacer es mucho más, verlo, entenderlo, y comprender que ellos están así para que nosotros podamos derrochar recursos, día a día.

Consumir carne en exceso hoy, es un derroche de agua y cereal. Y muchos más recursos, por ejemplo, este consumo se podría reducir drásticamente hasta considerarlo un lujo, como lo era antiguamente, y de esta forma muchos campos de cereal y mucha agua podría destinarse a grano para alimentos, y gran parte de la contaminación de estas industrias insalubres se erradicaría, ya que se harían de forma mucho más artesana y natural. ¿Sabías que gran parte de bosques han sido talados para plantar soja transgénica con la que alimentar las aves y vacas consumidas en Europa, por ejemplo?

Porque de seguir con este ritmo actual y desear que ellos, los países pobres tuviesen lo mismo, necesitaríamos tres planetas tierras para abastecernos y esto no es una posibilidad.

Entonces, ¿cómo podemos desear una cosa y actuar contra eso?

Porque falta coherencia, ética y, sobre todo, información.

Solo tenemos un planeta tierra y lo estamos gestionando mal.

Nos quejamos del egoísmo de unos pocos y de la avaricia, pero hacemos lo mismo cuando nos alimentamos de una industria que incorpora hábitos nocivos para la salud planetaria, y malgasta recursos para nuestra satisfacción.

Creo que una de las soluciones a este problema pasa por la toma de consciencia, un darse cuenta, y un abrir los ojos a una realidad global que estamos ignorando.

Como dijo Einstein: Ningún problema se soluciona desde el mismo nivel de conciencia desde el que fue creado.

Las soluciones a las crisis o desafíos que nos aquejan en estos días, requieren de un aumento de la conciencia.

Requiere que como seres planetarios que somos, seamos capaces de mirar más allá de lo que tenemos delante de las narices. Para ver el ciclo completo del planeta.

En tiempos globales en los que con internet estamos conectados con todo el mundo y la humanidad, tenemos acceso a todo el globo terráqueo, a toda la información.

¿Podremos alejarnos de ese árbol para poder ver el bosque completo?

Alejarnos del continente, para contemplar el planeta desde lejos y comprender que su agua, la misma desde siempre, es suficiente y cumple un ciclo perfecto, y que si hay sequía tal vez sea porque hemos intervenido en estos ciclos rompiéndolos y alterándolos.

Todavía no nos hemos convertido en seres planetarios capaces de tratar al planeta en su conjunto. Aún sacamos el agua produciendo frutas en un lugar y generamos sequía, hambre y desolación mientras miramos para otro lado. Ya que si esta empresa tuviera información y valores simplemente haría las cosas de otra manera. Pero esta empresa está formada por personas, y si cada uno hace su elección coherente, la empresa cambiaría de repente.

No hay que desesperarse ni desanimarse, esta madeja tan desordenada aparentemente solamente obedece a un estado de inconsciencia interna del ser humano, y una carencia de orden y prioridad en nuestros valores.

Se trata de saber lo que pasa alrededor y conocer el planeta, y luego enfocarnos en lo nuestro hacia dentro. En lugar de vivir inconscientes, ajenos y desconectados y creer que no tenemos poder, **tenemos todo el poder del cambio en nosotros.**

Estoy firmemente convencida de que sí ordenamos nuestras prioridades en base al corazón y a lo que de verdad nos importa, en cada una de nuestras sencillas vidas, y tomamos consciencia de lo que tenemos entre manos como Ser planetario, todo este nudo y este "castillo de naipes" falso y frágil se caerá de la noche a la mañana… sin hacer siquiera ruido y un mundo nuevo nacerá de la nada.

Humildemente creo y me pregunto si queremos salir de estas continuas crisis de moda. Yo recuerdo dos ya en mi vida, las cuales han sido diseñadas, inventadas y luego terminadas con un fin. De hecho creo que lo único que si hay es una crisis de valores, y de creatividad en nuestra especie.

¿Y si nos ha llegado el momento de dejar de ser de una nacionalidad, de considerar al otro ajeno? Pues nada en este planeta nos es ajeno.

Como he tratado de demostrar en este libro todo está implicado. Enmarañado con todo.

Alguien dijo alguna vez que no habría paz, hasta que "todo lo humano concerniera a todos". Yo digo más: Hasta que todo lo planetario importara a todos. Es nuestra casa, nuestra madre, y nuestro planeta.

Estamos inmersos en su consciencia y en su vida.

Entonces abramos los ojos y seamos seres planetarios, ocupados y positivos para el bien, primero propio y después común.

Cuidémonos, cuidando a nuestro planeta, y cuidemos del planeta cuidándonos y amándonos a nosotros mismos y a los demás.

No es realista hablar de amar al planeta ni a nada, mientras en nuestro corazón no haya amor para nosotros. Somos ese ser humano único del que decidimos hacernos cargo cuando vinimos a esta vida.

De manera que no esperes más, empieza ahora, en este mismo instante, a quererte ya. Por ser quien eres y por estar donde estás.

Este libro es un intento de aportar una gota en el océano, unos granitos en el cuenco de la consciencia, por si con mi experiencia y los conocimientos y reflexiones que me he hecho mientras cambiaba, estudiaba y aprendía, logro abrir algunos ojos amorosos, o ayudo a alguien a darse cuenta de que somos solamente vida y amor.

Gracias, gracias, gracias por estar leyendo este libro.

Te deseo la felicidad de ser quien has venido a ser y vivir desde el Amor que siempre fuiste.

EPÍLOGO
¿UTOPÍA O FUTURO?

Amanece el sol en el horizonte y la persiana se levanta suavemente para dejar entrar unos rayos dorados, percibo como mi consciencia baja de nuevo y llena mi cuerpo de vida. Puedo sentir el tacto limpio y aterciopelado de mis sábanas de algodón, la calidez de mi cama. Mi cuerpo está descansado y relajado. En ese instante la ventana se entreabre y deja entrar la brisa fresca y limpia de la mañana. La habitación blanca de madera sencilla y confortable se llena de luz poco a poco, en ella apenas hay unas plantas de bambú en un jarrón, una orquídea en una repisa de la pared, la cama frente al gran ventanal orientado al amanecer y una mesilla de madera de teca reciclada y simple con un libro sobre ella. Sencillez y armonía. Enero 2066. En el mismo momento de abrir los ojos una agradable música comienza a sonar. Me estiro y me levanto de la cama. Voy al baño y el espejo me devuelve mi imagen, me sonrío. Me veo saludable y feliz. Acudo a mi sala para realizar mis estiramientos y ejercicios de *Ki*, al ritmo de esa misma música durante quince minutos. Y después, junto con mi gata y mi perro, acudo a la cocina. Tengo preparadas las verduras y brotes del día anterior, recién recogidos, en su perfecto punto de madurez para realizar mi batido del día. Unas frutas con verduras, y dos cucharadas de semillas de sésamo y cáñamo. Desayuno mirando las flores de mi terraza y disfruto de los primeros rayos de sol del día. Los miro directamente ya que aún no ha pasado media hora desde su salida. Los fotones en la pineal ayudan a clarificar mi mente, me generan alegría y un sentimiento de agradecimiento y plenitud.

Tras este momento pleno y auténtico conmigo misma, me dirijo al baño a mi ducha vitalizante.

Salgo de casa para dirigirme al punto de encuentro. Subo al transporte que acude en cinco minutos a recogerme. En él hay unas pocas personas que me saludan con una sonrisa al igual que yo a ellas; solemos coincidir y ya nos conocemos.

Llego a la sala de estudios y allí están ya algunos de mis alumnos esperándome. Es una sala circular con el suelo de madera, rodeada de árboles, cuyas ramas se ven desde las ventanas que bordean toda la sala. Una fuente genera una corriente de agua en el centro y en ese lugar nos sentamos a trabajar. Al frente hay una pantalla blanca que sirve de pizarra y de proyector cuando es necesario ver alguna película o cotejar información de algún tema que estemos investigando.

Tengo diez alumnos que están aprendiendo conmigo este año. Nos sentamos en círculo en la sala blanca y la jornada transcurre entre descubrimientos, alegría y muchas ideas nuevas. Tomamos un almuerzo ligero de avena con lentejas y verduras y tartaletas de manzana y avellanas tostadas. Me piden que les cuente algo especial y yo propongo un juego, una pequeña aventura de rol y misterio que genera emoción y risas. Después nos separamos y vuelvo a casa.

Vivo en un mundo donde todo es ecológico y sostenible. Las personas aportan sus dones y cualidades a la sociedad de forma altruista y agradable. Y a cambio los transportes, los alimentos y la energía están maximizados a la mayor eficacia. La calidad de vida es altísima, así como la salud. Hay médicos y hospitales disponibles cuando hay algún problema, pero son muy pocas las veces que hay problemas en que los hay. Todo se gestiona con el mínimo coste para el planeta, todo el mundo comparte desde la generosidad y la abundancia. Hay siempre buena música que escuchar, buenas películas para ver, y juegos para entretenerse y aprender. Las personas que disfrutan con esas cosas continuamente nos abastecen con su propia creatividad. Y cada cual colabora en su parte del conjunto con un trabajo que siempre coincide con sus aficiones y dones. Hace tiempo que no hay colas en los transportes, ni accidentes casi. Los recursos están optimizados y todas las personas tienen un alto nivel de conciencia. Los seres humanos comparten su creatividad y siempre hay actividades divertidas, o algo que hacer, ya sea enseñar, ayudar o cultivar, cerca de casa. La media de vida es de unos cien años.

Vivimos en casas con terraza y cultivamos brotes, hierbas y productos esenciales para nuestro consumo diario. Puesto que los costes de la enfermedad son altísimos, se enseña a las personas hábitos saludables "reales" desde bien pronto. Y se prioriza el descanso adecuado y que las personas tengan tiempo y energía para cuidarse manteniéndose saludables y felices. La basura está minimizada; envases y plásticos innecesarios están casi erradicados. Puesto que todo el mundo aporta su energía y trabajo, tenemos tiempo de sobra para leer y disfrutar de hobbies, porque la jornada laboral media son cuatro horas por persona y día. Disponemos también de tres días libres por semana y dos meses de vacaciones para nutrirnos, viajar, conocer el mundo y aportar conocimientos en otras zonas del planeta. Todos hablamos varios idiomas conocidos, ya que existen métodos para aprenderlos online, y con alta eficiencia. El conocimiento está al alcance de todos. Las personas se cuidan unas a otras y a sí mismas. No se concibe la violencia ni el maltrato; solamente el amor a la vida y la diversión. Se cuida el planeta y las especies; se disfruta de la naturaleza con el máximo respeto y amor.

La tecnología está muy avanzada y al alcance de todos; el ser humano está liberado de las tareas más duras. El resto de las tareas se realizan entre todos con una equilibrada repartición del trabajo. Todo funciona en armonía y a la perfección. Las casas funcionan con energía libre autogestionada y gratuita; tienen sus procesadores de residuos que los reciclan en su mayor parte y la basura y desechos están minimizados, así como la infelicidad, los esfuerzos innecesarios, y las enfermedades. El valor principal es la vida y el disfrute de la misma en salud y en paz. La abundancia que genera el libre flujo de la energía así como el trabajo bien repartido entre todos, es compartida sin rastro de carencia. Puede decirse que vivimos en un mundo pleno, libre, consciente, y feliz.

APÉNDICE 1

CONSEJOS PARA UNA VIDA EQUILIBRADA Y FELIZ

RELACIÓN ENTRE ALIMENTOS, ESTACIONES, ÓRGANOS Y EMOCIONES

Que sería este libro sin incluir las nociones de alimentación para los órganos y estaciones. Además quiero incluir como último apéndice un índice de recetas, todas ellas típicas de alguna manera y útiles, que considero que pueden incluirse fácilmente en cualquier familia, para ir introduciendo poco a poco el cereal integral, y algunos ingredientes alcalinizantes, con todo su gran valor energético y nutricional, para el cambio de consciencia del que hablamos en este libro.

ELEMENTO AGUA

En el invierno, como ya hemos visto, se activa la energía que gobierna los riñones y la vejiga, y por añadidura los órganos sexuales, pues estos son en realidad una prolongación de los riñones, y están gobernados por ellos.

Los riñones rigen la asimilación de los minerales, la formación de los huesos; si el riñón funciona bien y hay suficientes minerales de calidad en la alimentación no tiene por qué haber problemas de osteoporosis, para ello vamos a estudiar qué alimentos los nutren y cuáles los perjudican. También cómo mantener la energía sexual en perfecto estado.

¿QUÉ NECESITAMOS COMER EN INVIERNO?

Durante el invierno los alimentos deben tener una energía fortalecedora y remineralizante, que nos aporte mayor calor interior y nos nutra, para no debilitarnos. Necesitamos mayor cantidad de cereales, cocinados a presión y durante mayor tiempo. La cocción adecuada a esta energía es a fuego lento, de manera que genere calor interior.

Asados, sopas, estofados largos; podemos hervir y después saltear, las ensaladas no han de ser crudas sino escaldadas, al vapor o en salteados cortos, prensado o macerado, pero nunca crudo. Pues en invierno los productos crudos nos hacen retener líquidos y enfrían nuestro metabolismo de manera muy acusada.

Se puede utilizar mayor cantidad de aceite y de sal y condimentos salados como shoyu, miso, tamari, etc. La consistencia de las sopas puede ser más densa e incluir mayor cantidad de proteínas, podemos añadir frutos secos a los platos y algas para aumentar la cantidad de minerales de los alimentos, también usar pescado más a menudo...

La alimentación ha de estar orientada a generar calor interior y a activar el metabolismo, ya que en esta época éste tiende a ralentizarse un poco. Es como si el cuerpo hibernara en cierta forma.

Alimentos que generan calor son:

Jengibre, canela, frutos secos, sal, pescado, aceites, el trigo sarraceno, las castañas, batata asada, la avena, la calabaza, las verduras de raíz, bardana, zanahoria, coles de Bruselas, chirivía, kuzú... En los postres se deben reducir las frutas y se pueden hacer cremas, avena y frutos secos, o frutas secas como pasas, orejones, etc. Hacer pasteles con compotas de frutas y kuzú.

Se debe usar arroz de grano redondo o corto, y también son muy apropiados para esta temporada los potajes de legumbres. De vez en cuando mijo, pasta integral y bulgur y cuscús con menos frecuencia para platos rápidos. Y se puede usar algo más de grasa y aceite. Pues el exceso de grasas vegetales en esta época será quemado para calentar nuestro cuerpo de manera natural, así que lo que más nos hincha en esta época es el exceso de agua y frío en los alimentos y no tanto las grasas como se creía.

Un exceso de alimentos fríos en la alimentación nos frenará el metabolismo haciéndonos engordar y quemar menos calorías al día.

Aunque la cocina esté orientada a calentar y reforzar, hay que respetar la polaridad de los platos, añadiéndoles alguna hierba aromática seca o fresca, e incluyendo en las comidas verduras verdes, escaldadas o vapor y pickles para no perder la frescura. Y la vitamina C.

ALIMENTOS QUE EQUILIBRAN Y AYUDAN AL RIÑÓN

- Los más representativos son *las legumbres*, principalmente las que tienen forma de riñón y son pequeñas, en concreto las azuquis o los frijoles. Muy valiosa terapéuticamente para tratar afecciones del riñón y la vejiga.

- *Algas:* Son todas indispensables en esta época, pues es el momento del año en que debemos reforzar nuestros huesos y reponer minerales. La más indicada es la kombu, pero también es muy recomendable la hiziqui por su alto contenido en minerales.

- *Verduras:* Las de raíz refuerzan especialmente esta zona.

- *Cereal:* El típico es el trigo sarraceno, que sin ser exactamente un cereal, tiene unos efectos parecidos y la energía; es muy importante es esta temporada pues tiene muchos minerales y calienta mucho; es especial en los días más fríos.

También el soba que es una pasta hecha de trigo sarraceno.

- *Frutas:* La castaña.

- *Pescados:* Todos.

- *Bebidas:* Té de tres años con shoyu, té de azuquis, té de kombu, bebida de cereales o de frutos secos con melaza o con jengibre y canela.

- Va muy bien para el riñón acostarse temprano en invierno, darse baños de pies calientes con sal y jengibre durante el invierno a diario y dormir con los pies calientes.

- Las compresas de jengibre en los riñones van muy bien; también al riñón le gusta el calor especialmente por la noche.

ALIMENTOS QUE DESEQUILIBRAN EL RIÑÓN

- Lo desequilibran todos los **alimentos fríos** de la nevera: agua de la nevera, refrescos fríos, cerveza, alcohol, refrescos azucarados, zumos de frutas, frutas crudas, frutas tropicales, uso regular de congelados, helados, etc.

- *El azúcar* por su efecto desmineralizante ataca al riñón y además enfría.

- *Lácteos* al ser ensuciantes sobrecargan mucho al riñón así como las proteínas animales, carne y embutidos, y huevos.

- La levadura de cerveza, café, vísceras (por la cantidad de purinas que contienen). El tofu crudo, la leche de soja y los postres de soja.

- Trasnochar, ver películas de miedo, el terror y los sustos perjudican al riñón, el miedo y el nerviosismo excesivos también los acaban perjudicando. Así como el estrés continuado.

SEÑALES DEL ELEMENTO AGUA EQUILIBRADO

- Cuando este elemento está equilibrado tenemos personas con espíritu de aventura, valientes, personas que se atreven sin miedo a realizar sus sueños e ideales.

- Con gran imaginación y profundidad, se sitúan en el presente, son inteligentes y suaves al trato, pero muy claros en sus valores, los cuales son profundos. No se arriesgan en exceso pero tampoco renuncian a ser ellos mismos. Buenas relaciones intimas con sus seres queridos. Sexualidad profunda y con un alto componente de ternura e intimidad.

SEÑALES DE DESEQUILIBRIO

- Personas miedosas, tímidas, con pesadillas, dudan, son indecisas, o excesivamente prudentes.

- Su postura es la fetal. Siempre se protegen la espalda. No se muestran, de hecho tratan de esconderse.

- No les gusta comprometerse pues les da miedo, su inseguridad les hace estar siempre a la defensiva autoprotegiéndose. Dudan mucho.

- El color oscuro bajo los ojos, ojeras oscuras indican desequilibrio de estos órganos.

ESTACIÓN PRIMAVERA; ELEMENTO MADERA: HÍGADO Y VESÍCULA BILIAR

En Primavera podemos empezar a ver los primeros signos de que la vida despierta, los árboles frutales, así como los almendros florecen y poco a poco aparecen los primeros brotes primaverales, que irán creciendo cada día en forma ascendente, así como cada día crece la luz solar, el calor y el impacto del sol y la mayor energía recibida procedente de él. Este tipo de energía ascendente está relacionada en nuestro organismo por el órgano situado en el lado derecho de nuestro cuerpo, y junto al colón ascendente, el hígado y la vesícula biliar. Este órgano canaliza la energía ascendente de la tierra que despierta en esta época y se encuentra más activo. En macrobiótica se denominan energía madera o árbol. El hígado aumenta la cantidad de sangre, y también aumenta el flujo y la actividad de todo el cuerpo en general.

El hígado y la vesícula biliar se encargan de numerosas funciones como son: fabricar la sangre, depurarla, almacenar energía en forma de glucógeno, metabolizar las grasas y las proteínas, generar bilis y fluidos que intervienen en la digestión, y un largo etc.

Por ello se dice que "la primavera la sangre altera", y es cierto que aquellas personas con bloqueos energéticos o tensión en este órgano suelen tener síntomas en estas fechas; jaquecas o migrañas, mal humor, tristeza o depresión... son algunos de ellos.

Salimos del invierno, época en la cual la vitalidad de los árboles y plantas se hallaba reducida a las raíces creciendo bajo tierra, por ello habíamos aumentado este tipo de alimentos (verduras de raíz) que nutrían nuestros riñones y zona genital.

Ahora la savia vuelve a elevarse por los troncos y tallos llevando la vida y la fuerza a las hojas y ramas que comienzan a crecer. De la misma manera nuestra energía se desplaza más arriba, al órgano del tronco y que es responsable de elevar nuestra vitalidad también.

Si continuamos comiendo como en invierno en unas semanas nos empezaremos a sentir a disgusto, demasiado tensos, de mal humor, rígidos, y cuando llegue el calor estaremos secos, acalorados y con dificultad para descansar y relajarnos, incluso dormir.

Es necesario hacer reajustes antes de que esto ocurra para dar tiempo al cuerpo a adaptarse. Además, la primavera es el momento de prepararse para limpiar, pues la energía se abre y es dinámica, el cuerpo está propenso a limpiar, es el mejor momento para hacer dietas depurativas de energía yin, es decir, con verduras y otros alimentos refrescantes, y de manera suave, con amor, no ayunos exagerados o monodietas con arroz integral. No son necesarios.

Para entender el proceso, funcionamos como una tubería o chimenea en la que en el invierno, hemos tenido la energía recogida en el interior del cuerpo y abajo. Al llegar la luz, la energía y la sangre empiezan a subir por esa chimenea o tubería y con ello empiezan a sacar hacia arriba las impurezas. Exactamente como si fuese una tubería por la que de pronto entra agua. El *Ki* y el aumento de sangre hacen salir hacia arriba todas las impurezas y excesos acumulados por el verano.

Algunos síntomas son las mucosidades y alergias prima-verales, las conjuntivitis, que indican que el hígado estaba con mucha mucosidad.

¿QUÉ DEBEMOS COMER EN PRIMAVERA?

Para que estos órganos funcionen correctamente la alimen-tación debe ajustarse en estas fechas.

Salimos del invierno, época en la cual habremos au-mentado considerablemente la sal, el aceite, las grasas y el tiempo de cocción de los alimentos para generar mayor energía y calor en los platos. Con el frío necesitábamos más calorías y mayor poder nutritivo, necesitábamos una energía más densa, de contracción para poder adaptarnos al frío. De manera opuesta, ahora debemos comenzar a aligerar la dieta, eliminar y liberarnos de la grasa y el exceso de minerales acumulados y aumentar los fluidos y el agua interior, relajarnos y expandirnos. Vamos a ver qué medidas podemos tomar con la alimentación para ayudar al organismo a esta adaptación de manera equilibrada. Hay que soltar las sales acumuladas y la grasa; la tierra nos da justamente el sabor que hace esto, y nos ayuda, el sabor ácido, y todas las frutas con este sabor, justamente salen en primavera; también tenemos las verduras de hoja y tallo, que son verdes y típicas de esta temporada; de esta forma la naturaleza nos limpiará del exceso de sal y grasas. Este paso es muy importante ya que si en verano, con el calor, estamos llenos de sales y grasas, no soportaremos el calor, estaremos incómodos, y querremos todo el tiempo productos fríos, extremos, y desequilibrados. Además de no poder asimilar bien las vitaminas de los frutos veraniegos, ni del sol.

ALIMENTOS CONVENIENTES EN PRIMAVERA

- Se deben usar los arroces de grano medio y largo, basmati, sustituyendo al redondo del invierno.

- La avena, poco a poco, ha de dar paso a la cebada y el trigo. Quinoa, bulgur y cus cús. Y pastas de trigo o de maíz, macarrones, espaguetis, etc. Maíz.

- Se han de incrementar las verduras verdes y de hoja, así como las que crecen verticalmente hacia arriba: puerros, alcachofas, borrajas, nabizas (hojas de nabos y rabanitos), champiñones, nabos, remolacha, apio, cardo, cebolleta, cebollino, rúcula, berros, judías verdes, pepinos, col verde, brócoli, pepinos, etc.

- Se debe reducir el tiempo de cocción y la sal, sustituir la presión por el hervido, el horno por el salteado corto.

- El método culinario típico de esta época es al vapor. Las ensaladas escaldadas o prensadas.

- Son muy necesarios en esta época los pickles o verduras lactofermentadas, el chucrut, y los brotes o germinados.

- Las sopas han de ser con más verduras y menos cereales y legumbres; se puede usar maíz a menudo.

- La proteína más adecuada es el tempeh, después el tofu. Las legumbres pequeñas como las lentejas.

- Limitar el uso de pescado y si se usa mejor macerado con limón o al vapor que frito. Podemos empezar a usar limón y alguna salsa cítrica para aligerar nuestro hígado o algún vinagre suave como el de arroz o de manzana.

- Algas, la más típica es la wakame, pero se sigue usando la kombu, nori y dulse, también el espagueti de mar y la kombu real. Las algas en menor cantidad por que contienen muchos minerales.

- Como condimentos, se usa la pasta de ume-boshi, el vinagre de arroz y el de ume-boshi, el limón. O cualquier cosa que de sabor ácido al plato será adecuada para nuestro equilibrio del hígado.

- El sabor que relaja el hígado es el ácido, pero también lo estimula con lo que las personas con mucha energía madera han de tener cuidado con los excesos de ácido.

- Aceites de primera presión del frío, reducidos, sobre todo fritos. Si se toman los fritos se deben acompañar siempre de unos rabanitos o nabo, o daikon rallados con shoyu y limón. Una salsita con mostaza que ayuden a eliminar el exceso de grasa.

- Reducir los frutos secos, mejor ahora aumentar un poco las semillas como las de girasol, calabaza o sésamo, incluso lino, o chía y cáñamo.

- Frutas se pueden tomar maceradas con sal o en compota; aún hace demasiado frío para la fruta cruda. Luego más avanzada la estación van muy bien las fresas, frutas del bosque, frambuesas, mandarinas, ciruelas, manzana verde, piña… si estamos en la zona donde se producen y frutas tropicales si estamos en esa zona geográfica.

- Pescados que vaya bien para el hígado serían las almejas, los mejillones, las chirlas, los moluscos más primitivos.

Platos típicos:

- Germinados y fermentados caseros.
- Arroz con cebada.
- Ensaladilla de arroz o de cebada.
- Crema de puerros.
- Estofado de cebada.
- Nabo con puerros y wakame.
- Nabo zanahoria y rabanitos rallados con manzana.
- Borrajas salteadas.
- Tempeh encebollado con chucrut.
- Tempeh agridulce.
- Alcachofas al vapor.
- Manzanas al vapor con salsa de limón.
- Fresas maceradas.
- Quiche de tofu.
- Queso de tofu.
- Peras al limón.
- Salteados cortos de verduras.
- Puerros y col al vapor.
- Revoltillo de tofu y maíz.
- Seitan a la naranja.
- Paella de verduras.
- Arroz con cebada.
- Tofu macerado y a la plancha.
- Ensalada de garbanzos.
- Ensalada de pepinos con wakame.
- Pasta integral salteada con verduras.
- Espaguetis con gambas.

IMPORTANCIA DE APROVECHAR LA ENERGÍA ASCENDENTE DE LA PRIMAVERA

La primavera es un buen momento para equilibrar los estancamientos en tierra, causados por un exceso de humedad en el cuerpo, reduciendo grasas, minerales y dulces, y añadiendo ensaladas refrescantes y productos con energía ascendente, así como vinagre o limón y algo de cítricos. Es fácil remover los estancamientos y eliminar las retenciones de líquidos, así como promover la energía madera, que es muy creativa y movida. Al subir la energía hará salir fuera todo tipo de estancamientos y excesos, en forma de mocos, alergias, sarpullidos y otros síntomas, si aligeramos la dieta ayudamos a este proceso de limpieza y lo favorecemos, adelgazaremos, estaremos más vitales y aumentará nuestra capacidad digestiva y nuestro metabolismo y circulación.

CUALIDADES DE UNA PERSONA CON EL HÍGADO EQUILIBRADO

- Las personas con esta energía equilibrada están siempre en movimiento y acción, les gustan los cambios y están siempre en busca de la mejora y su crecimiento personal y avance. Soportan mal la inmovilidad y los límites.

- Tiene buena visión, y claridad mental, capacidad de decisión e iniciativa.

- Mucha creatividad y capacidad de movimiento.

- Liderazgo, gusto por la competitividad y por ser los primeros.

- Pioneros, innovadores, acaban con lo viejo para que lo nuevo pueda llegar.

- Tienen paciencia y saben jugar y perder con deportividad, son personas flexibles que saben adaptarse a las circunstancias y a situaciones cambiantes y salir airosas.

- Es el arquetipo del pionero organizado en torno a su metamorfosis, siempre en continua transformación y creación.

- Controla la vista y las articulaciones.

- Hace a la persona más fluida y deportiva, con un aire fresco y elegante al andar, casi felino.

- Saben esperar haciendo lo que corresponde y tienen visión a largo plazo.

- Su cuestión existencial es que hacer, como hacer, tienen que tener objetivos y no soportan estar confinados o presos.

- El hígado es el responsable de la estabilidad emocional.

- El hígado mueve la sangre; las personas con mala circulación periférica es porque tienen el hígado contraído.

- Las uñas frágiles y descascarilladas suelen indicar también problemas de hígado.

- Problemas con la menstruación indican también hígado saturado y tenso.

INDICIOS DE ENERGÍA ÁRBOL BLOQUEADA O TENSA

- Mal humor, mal carácter, personas siempre tensas y rígidas, sin flexibilidad para adaptarse a la vida.

- Problemas en las articulaciones, en concreto en las rodillas.

- Problemas de vista, conjuntivitis, legañas, astigmatismo, miopía, etc. Dolores de cabeza. Problemas menstruales.

- El hígado controla la visión y los ojos, la capacidad de ver el futuro y anticiparse.

- Color de tez amarillento.

- Es el órgano encargado de recoger la energía de la tierra y distribuirla fuera, de la capacidad de movimiento. De los deportes, controla los músculos.

- Personas con voz chillona o que gritan, es una descarga del hígado tenso.
- Falta de paciencia.
- La energía de madera o árbol, es la responsable del liderazgo, la capacidad de ser líderes de nuestra vida. El talento, la iniciativa y los proyectos nuevos.
- Si se bloquea se transforma en ira, rabia y obsesión con las normas. Rigidez mental.
- También cuando la energía está bien estamos con claridad y una emotividad sana, la locura tiene su origen en el hígado.

LO QUE PERJUDICA AL ELEMENTO MADERA

- Alimentos muy grasos y fritos en exceso. Carne, embutidos. Quesos muy salados y huevos. Pan, y alimentos secos y salados. Por ejemplo las tortitas de arroz, los snack.
- También el alcohol, las drogas y los químicos. La comida recalentada, de un día para otro, y el exceso de sal en las comidas.
- Horneados y pizzas.
- Cosas cocinadas durante demasiado tiempo y recalentadas. Microondas.
- El hígado necesita cosas verdes, frescas y poco cocinadas.
- Exceso de trabajo sin descanso, dormir poco y mal.
- Exceso de ejercicio. Levantarse tarde. Estar sin moverse mucho rato.
- El exceso de trabajo. Cenar tarde. Las verduras solanáceas. Pimiento verde, tomate y berenjena.

- Falta de actividad y ejercicio. Falta de luz, y poco contacto con la naturaleza.
- Tampoco va bien para el hígado el clima del mar, el viento y la sal juntos.
- El abuso sexual y emocional también perjudican este órgano.
- La vida en la ciudad y el exceso de picante.

Problemas frecuentes:

Dolores de cabeza, inflamación de los nervios, hipertensión, intolerancia, impaciencia, pereza, dolores musculares, problemas en la articulaciones y espasmos musculares.

IMPORTANCIA Y FUNCIONES DEL HÍGADO PRINCIPALES

El hígado se encarga de numerosas funciones de gran importancia para nuestra salud. Vamos a ver como su funcionamiento defectuoso puede ocasionar serios problemas.

Se encarga de limpiar la sangre y purificarla de toxinas; esta función la realiza por las noches por lo que es importante cenar pronto para que pueda trabajar limpiando y no esté ocupado con las funciones digestivas.

El hígado produce la bilis, cuya función principal es alcalinizar los alimentos ácidos que llegan al duodeno procedentes del estómago; si el hígado no produce suficiente cantidad de enzimas y bilis, los ácidos del estómago no se neutralizan, y esto puede dar lugar a diversos desórdenes:

En primer lugar, a que suban al estómago ácidos con alimentos, dando lugar al reflujo y a la gastritis y a la pérdida de mucosa del estómago.

En segundo lugar al llegar al intestino los alimentos sin alcalinizar se destruiría la flora intestinal que constituye el 60 % de nuestro sistema de defensas.

Si no existe suficiente bilis segregada las grasas no se digieren bien, pues la función principal de la bilis es emulsionar las grasas para que puedan ser digeridas, sin asimilación de grasas estas se acumulan en el intestino formando una película que impide digerir otros nutrientes con lo que la absorción intestinal será deficiente y necesitaremos comer mucha más cantidad de alimento, lo que formará un circulo sin final. Las grasas son imprescindibles para que el calcio pueda pasar a los huesos por lo que el no digerir bien las grasas puede producir osteoporosis. También las vitaminas solubles en grasas como son la K, responsable de la coagulación de la sangre, la A, de la vista y la piel, la D, responsable de dientes y huesos y la E.

Es importante también destacar que una deficiente digestión llenará nuestro intestino de sustancias en descomposición a medio digerir que aumentarán la aparición de bacterias; estas bacterias en sus reacciones metabólicas expulsan sustancias tóxicas y ácidas que son altamente perjudiciales para el organismo, proliferaran síntomas como cándidas, etc., y aumentará la toxicidad de las sustancias absorbidas por el intestino y que pasarán a la sangre en consecuencia.

Una buena producción de bilis es indispensable para la digestión y absorción de nutrientes y para una buena limpieza del tracto intestinal. Algunos desordenes son: enfermedad de Crohn, diarreas, estreñimiento, apendicitis, pólipos...

Así mismo el hígado sirve como almacén de glucosa en forma de glucógeno, que será liberado cuando haga falta un aporte de hidratos de carbono, si está tenso o su funcionamiento es defectuoso, no se podrá contar con este aporte de glucógeno, lo que puede dar lugar a hipoglucemias que son la antesala de la diabetes.

La limpieza hepática es un método Adyurvédico, recomendado por el Dr. Andrea Moritz, con el objeto de remover los cálculos de bilis que obstruyen los conductos hepáticos impidiendo el normal flujo y producción de bilis, y mejorando notablemente todos estos desórdenes.

Recomiendo leer: *La increíble limpieza hepática y de la vesícula*.

ELEMENTO FUEGO: CORAZÓN E INTESTINO DELGADO

Con la llegada del verano, necesitamos adaptar la alimentación para poder tener energía a pesar del calor, para ello es indispensable que la dieta esté llena de elementos vibrantes y variados, como son las verduras frescas, y las frutas de estación. Hay que reducir la sal y los platos pesados, los estofados y guisos largos están de más. Hay que reducir el tiempo de cocción, tomando incluso a veces las verduras y frutas crudas, disminuir la sal. Sin embargo es muy importante que usemos salteados cortos y rápidos con fuego fuerte, con algo de aceite y condimentos salados como el shoyu, de vez en cuando alternados con platos más frescos en la misma comida, pues si no podemos quedar demasiado alicaídos, relajados y cansados, sin ganas de hacer nada, se trata de lograr vitalidad pero sin calor interior excesivo, para ello es necesario un equilibrio.

Medidas a tomar en verano:

- Introducir más cantidad de fruta de la estación.
- Ensaladas de legumbres.
- A veces sopas o cremas frías.
- Hiervas aromáticas frescas.
- Germinados.
- También es importante tomar algas, pues al tomar más líquidos y con el uso de piscinas solemos desmineralizarnos más con el consiguiente debilitamiento de nuestros riñones.
- Al sudar se pierden muchas sales minerales, por lo que los postres de agar-agar, son ideales para reponerlas y refrescar a la vez.
- Se reduce el uso de los cereales más yang, como el mijo, el trigo sarraceno e incluso el arroz redondo. Ya que pueden secar en exceso el organismo.
- Y se minimiza el uso de horneados y panes. Mejor las obleas frescas que el pan horneado.

- Se aumenta el consumo de cus cus bulgur y pastas integrales.

- Paté de legumbres.

- Macedonias de frutas. Comenzamos con cerezas, albaricoques, melocotón, etc., y al final ya seguimos con sandías y melones, ricos en agua y frescor.

- Helados naturales en pequeñas cantidades.

- Se deben incrementar las verduras porque si tomamos exceso de proteínas nos veremos atraídos por gran cantidad de zumos y helados, con lo que perderemos los minerales y la alcalinidad de nuestra sangre.

- Se pueden hervir los cereales en lugar de hacerlos a presión, incluso ponerlos antes en remojo para que pierdan un poco el poder contractivo.

- Tofu, tempeh y verduras macerados son proteínas adecuadas a esta estación. Nunca comer el tofu crudo, hay que macerarlo y pasarlo por la sartén.

- El tipo de cocción para esta estación es rápido y fuerte, como hervido, escaldado, salteado corto, plancha, vapor. Y algo crudo también es apetecible, así como los batidos de frutas, verduras y hojas verdes, tipo espinacas, rúcula, etc.

- Los macerados.

- Las cocciones rápidas nos darán una energía activa y superficial.

- El maíz es muy adecuado en esta época y también la quinoa.

El secreto está en el equilibrio; si la dieta es con demasiados crudos, ensaladas y frutas nos sentiremos cansados, sin energía para nada; si la dieta es demasiado salada, sin verduras ni frutas, estaremos con sed todo el tiempo y acalorados sin casi poder movernos del calor.

REMEDIOS NATURALES PARA AUTO CHEQUEARSE EN VERANO

- Si estamos cansados, sin energía, necesitamos unas sopas con algas, aumentar el cereal, o un salteado rápido de verduras, algas con shoyu y legumbres.

- Si nos encontramos acalorados y con sed, es muy bueno hacer la bebida dulce y tomarla fresquita, un cacao o un café de cereales fresco a media tarde (fresco no quiere decir frío de la nevera, sino fresco), se puede sacar un ratito antes de consumirlo para no enfriar la energía del riñón.

ENERGÍA FUEGO

- Los órganos de fuego son el corazón y el intestino delgado.

- El corazón o el chacra corazón es un puente que une los chacras superiores con los inferiores, el intelecto con los sentimientos, lo mental y lo físico. Se dice que empuja la sangre, desdoblando nuestro espíritu, manteniendo nuestra conciencia. Este elemento es el responsable por nuestra conciencia, por la luz y la capacidad de despertar, de estar aquí y ahora, nos conecta al presente y a los demás.

- Sus valores son la empatía, la unidad, el amor y la alegría.

- Establece la conexión con la vida interior y la exterior.

- El corazón llena el cuerpo de conciencia, sentimiento y sensación. Por eso el sentido que lo conecta es el tacto.

- Nos da la capacidad de sentirnos individuales pero conectados con los demás.

- El corazón marca el ritmo de nuestra vida, el pulso.

- El fuego nos da la capacidad de expresarnos, de brillar, de conectar con los demás, expandirnos, de relacionarnos, es el responsable de la fama personal. La alegría y capacidad de reír y divertirse.

- El peligro es perderse a sí mismo en su afán por estar con los demás.

- Las personas que dicen mucho *yo* y *mío* sufren más de ataques del corazón.

SEÑALES DE DESEQUILIBRIO EN FUEGO

- Personas superficiales en sus relaciones, erráticas en sus pensamientos, en su forma de hablar, de actuar. Inconstantes, pueden tener la cara roja o la nariz hinchada. Personas que no paran de hablar o con voz chillona. El tartamudeo también marca un poco de desequilibrio en este chacra. Personas que hablan sin parar, como una cotorra pero no comunican apenas nada de lo que sienten. Solo parloteo en círculos. O bien personas que no hablan nada, que parece que hay que sacarles con una caña de pescar lo que sienten o piensan. Ambos tienen desequilibrio en este elemento, ya que la lengua y la palabra es la antena del corazón, e indica su estado de conexión o desconexión con la parte mental.

- Si el corazón está desconectado la persona no para de hablar sin decir nada, o bien nunca se expresa, y además no son capaces de mirar a los ojos para no generar intimidad.

- Cuando se mira a alguien a los ojos durante un rato, se ve el alma, se entra en empatía y nace el amor y la unidad del alma con esa persona.

¿QUÉ PRODUCTOS PERJUDICAN AL ELEMENTO FUEGO?

- La nieve y el frío, los quitanieves suelen tener más infartos.
- Actividad física con peso.
- El exceso de calor. La humedad con calor.
- Histeria, el descontrol emocional, los disgustos hacen sufrir al corazón.
- Pero también la tristeza extrema y continuada. Si nos negamos continuamente lo que quiere nuestro corazón, si no le escuchamos, éste enfermará, aun a pesar de comer cosas buenas para él.
- Aunque por lo general nos apetecerá comer justo lo que lo daña, si no estamos felices.
- En especial si las emociones no son expresadas, el corazón sufre.
- La histeria agota el *Ki*. Es una eliminación de un corazón muy sobrecargado, pero nos deja sin energía al final.
- Con la ira al *Ki* aumenta, con la histeria se agota.
- Alcohol, drogas, especias en exceso, café, exceso de amargo, patatas, tomate, berenjenas, banana... lo dilatan y le hacen perder fuerza.
- El huevo lo tensa mucho.
- Falta de sueño continuada sobre todo daña el corazón.
- El desamor y la desconexión con los sentimientos.
- El exceso de mentalismo y razón que anula la emocionalidad.

¿QUÉ PRODUCTOS LO AYUDAN?

- Van bien para este órgano las coles, el maíz, las verduras de hoja grande, berzas, acelgas, espinacas, achicoria, judías verdes, judías blancas, el sabor amargo y tostado, del sésamo, va muy bien el aceite de sésamo tostado, las endivias, las lechugas. Pepinos, especias, calabacín, sabor amargo y dulce también.

- Pulpo, calamares sepia, tienen esta energía.
- Las flores y las verduras con forma de flor.
- Las semillas de girasol y de calabaza, de sésamo.
- Algas: la nori y la dulse.
- Van bien los masajes y el baile consciente.

ELEMENTO TIERRA; ESTÓMAGO, BAZO Y PÁNCREAS. ESTACIÓN: VERANO TARDÍO, COMIENZO DEL OTOÑO

COMPRENDAMOS EL CAMBIO ENERGÉTICO

Esta energía corresponde a la época que hay a finales del verano y antes del comienzo del otoño, también a lo largo del año hay unos días en los que al terminar una vibración y antes de que comience la siguiente, la energía se queda como en reposo y estos días también son correspondientes a este elemento.

La alimentación en esta época es muy importante, pues de su calidad energética dependerá que entremos en el otoño y posteriormente en el invierno, adaptados o con un desequilibrio energético, que nos debilitará y resfriará continuamente.

Antiguamente no había tanto problema pues al haber menos oferta se cocinaba lo que la tierra daba en cada momento, de esta forma la adaptación era inmediata. En nuestros días la cosa es más compleja pues tenemos de todo, durante todo el año, por eso debemos re-aprender a escoger.

Vemos como la naturaleza se transforma, los colores cambian a tonos tierra, ocres, amarillentos y anaranjados.

En estas fechas todavía se recogen frutas, pero estas son el resultado de la energía del verano pasado.

En pocas semanas los árboles comenzarán a despojarse de sus hojas secas, llevando toda la actividad hacia su tronco. De la misma forma en esta fecha se activa nuestro plexo solar y los órganos que debemos cuidar son el bazo, el estómago y el páncreas.

Nuestras actividades también lo reflejan y volvemos a la rutina, para ello necesitamos una energía que nos relaje y nos centre.

Necesitamos que descienda el nivel de actividad propio del vibrante verano.

Los días se acortan y se acercan el frío y la lluvia, para poder afrontarlos debemos desprendernos del exceso de refrescos y frutas del verano. En macrobiótica esto se denomina exceso de energía yin, que es expansiva y nos ayuda a sobrellevar el calor, al igual que en las zonas tropicales o en el desierto las plantas son más expandidas, así nuestro cuerpo utiliza los alimentos con esta energía para abrirse y poder adaptarse a las temperaturas veraniegas, del mismo modo vemos como en zonas frías los árboles tienen hojas finísimas como agujas, contraídas para no congelarse, al igual nosotros necesitamos contraernos en invierno para sobrellevarlo; es por eso que el cuerpo se encarga de eliminar en forma de mucosidades y otros síntomas estos excesos de dulce y líquidos en cuanto bajan las temperaturas. Nosotros lo llamamos resfriados otoñales.

Estos resfriados, al contrario de lo que la creencia popular cree, no son un error del organismo, sino un intento de restablecer el equilibrio, y decimos que hemos "cogido frío", cuando en realidad es el exceso de frío acumulado durante el verano lo que sale hacia fuera. Si frenamos este proceso de descarga, lo interrumpimos, el desequilibrio cada vez será mayor, estaremos cada vez más inadaptados conforme avance la estación, y cada vez que el tiempo empeore, ya haga más frío, el cuerpo volverá a intentar la limpieza de nuevo y así pasaremos todo el invierno enlazando un catarro con otro, hasta gripes, o incluso neumonías y síntomas cada vez mas agudos. Escogiendo los productos que compramos para llenar la despensa, y variando nuestra forma de cocinar hacia formas de cocción que nos aporten calor natural y minerales, facilitaremos este proceso, y nos adaptaremos al cambio de estación con fluidez y armonía.

Sin necesidad de la enfermedad como medio para adaptarnos, sino de manera saludable.

¿QUÉ ALIMENTOS DEBEMOS INCREMENTAR?

VERDURAS

- Las verduras redondas, que proporcionan equilibrio, centran y relajan.

- Calabaza, cebolla, col, coliflor, brécol, nabos y zanahorias, que cocinadas lentamente son de un sabor dulce natural, ayudan a relajar el páncreas y fortalecen bazo y estómago. Aunque aumentemos las verduras de raíz y las redondas a diario no hay que olvidarse de las hojas verdes tan importantes para el hígado, pues aunque en cada elemento hagamos un ligero énfasis en esa energía hay que mantener un equilibrio de los cinco elementos todo el año. Reduciremos las preparaciones de crudos y el uso de vinagres.

- Es típica la preparación de verduras llamada "nishime" para centrar y fortalecer todo el organismo, muy buena en casos de debilidad y poca inmunidad. Busca la explicación de esta receta en mi canal de YouTube.

CEREALES

Cambiaremos el arroz de grano largo por el redondo, y usaremos el mijo, la combinación de mijo con verduras dulces y maíz es especialmente bueno para reforzar el bazo y aumentar las defensas del organismo. La avena y el arroz dulce son también representativos de este elemento tierra. Arroz con castañas, con avellanas, almendras y nueces.

SOPAS Y CREMAS

En esta época del año son muy importantes las cremas de verduras dulces y suaves, rehogando primero la cebolla con un poco de aceite de primera presión en frío. Pueden ser de consistencia más densa añadiendo unas cucharadas de copos suaves de avena o legumbres como la lenteja roja, le aportaremos proteínas y mayor valor nutricional.

Muy adecuado añadir estas preparaciones por las noches para relajar la ansiedad y dormir descansando.

PROTEÍNAS

Es momento de cocinarlas en estofados con verduras dulces, estofados de legumbres con verduras dulces y alga kombu, conforme avance la estación y bajen las temperaturas aumentaremos el tiempo de cocción, a más frío, más lenta y larga para incrementar el calor interior del plato. Es muy típico para esta energía los garbanzos y el alga es la arame.

El sabor que debe predominar es el dulce, podemos hacer salsa agridulce para el tempeh, y crear pasteles de cus cus y/o mijo con frutos secos como postres.

Se pueden crear ensaladas que ahora es mejor que sean escaldadas o al vapor que crudas, y añadir maíz, un poco de manzana, uvas pasas o unos orejones para realzar este sabor.

El sabor dulce nutre el estómago y lo fortalece, abre y relaja el páncreas ayudando a regular los niveles de glucosa en sangre. Y refuerza el bazo responsable de la linfa y de una parte del sistema inmunológico. Para lograr este sabor el secreto está en cocinar lentamente a fuego suave tal y como hacían nuestras abuelas.

Y no usar sal para crear todos los platos salados, añadir algo de zumo de manzana, o concentrado de manzana a algunos platos de verduras, así como pasas, frutos secos, y orejones, también da un toque dulce a la comida muy rico. Se termina sazonando con un poco de sal y salsa de soja, para equilibrar los minerales del plato y el yin y yang.

FRUTAS

Tomaremos las de la estación, como las uvas, manzanas y peras, e iremos reduciendo la fruta cruda; es el momento de hacer compotas o mermeladas caseras. Se puede utilizar el Kuzú para reforzar y mineralizar estas compotas y mermeladas y nuestro intestino, responsable también de nuestra inmunidad.

CARACTERÍSTICAS PSICOLÓGICAS

La persona con desequilibrios en tierra tiene:

- Resistencia al cambio. Vive en la eterna duda.
- Un aire defraudado, triste, desalentado y decepcionado.
- En la medida que el desequilibrio aumenta se siente más frustrado, cree que no le aceptan, que no le comprenden.
- Pueden volverse felpudos de los demás por un desequilibrio de la virtud que tienen que es la compasión.
- Baja autoestima.
- Se somatiza con flacidez en el cuerpo.
- Poca fuerza expresiva, infunden lástima y hablan en tono suplicante y lloroso.

La persona con equilibrio en el elemento tierra tiene:

- Son de mucha decisión, con los pies en la tierra y con muchos recursos.
- Personas con confianza en sí mismos, que la trasmiten a los demás.
- Capacidad de reflexión y facilidad de adaptación.
- Autoestima sana, pacificadores, equilibrados y compasivos.
- Prototipo del simpático que a todos cae bien.
- Carne firme y bien formados, no delgados en exceso ni tampoco gordos y flácidos.

RECOMENDACIONES PARA SANAR ESTA ENERGÍA

- Ejercicio para el meridiano del estómago, bazo, páncreas:
- Recomiendo hacerlo cuando haya dudas, preocupaciones, baja autoestima…
- Nos sentamos en el suelo de rodillas con las nalgas entre los talones.
- Lentamente nos inclinamos la espalda hacia atrás hasta tocar el suelo.
- En esta posición hacemos dos respiraciones profundas y volvemos a la posición inicial.
- La práctica de este ejercicio nos da fuerza y flexibilidad, nos permite que la energía circule con fluidez facilitando la sanación, pues no debemos olvidar que la enfermedad es un estancamiento de la energía.
- Además de la comida, viene muy bien, cantar, trabajar con la tierra, cocinar, la jardinería, la cerámica y la creatividad en general, así como mantener relaciones no tóxicas y saludables con el entorno, si el entorno es tóxico alejarse de él.

- También es muy importante mantener una buena relación con el dinero, la casa, la ropa, y ordenar el espacio donde uno se encuentra. Vestirse con colores alegres y arreglarse también ayuda mucho.

- Algunos remedios, el alga nori con soja cocinado a fuego lento, con un poco de agua. Alga arame, y verduras dulces en crema. En especial el mijo, ayuda mucho a ordenar la mente, la vida y la casa. Esto último comprobado por mí misma y multitud de alumnos. Si quieres ordenar tu casa y tu vida, come mijo unos cuantos días.

ELEMENTO METAL: PULMÓN E INTESTINO GRUESO. FINAL DEL OTOÑO

En esta época del año seca, dura, densa y oscura, las hojas de las plantas se caen porque la savia de los árboles deja de subir y por lo tanto se secan. La energía de las plantas y árboles se empieza a recoger hacia dentro, después de la expansión del verano y la época de centrado del final del verano (elemento tierra), ahora la vitalidad de las plantas se concentra en lo más profundo para poder soportar el frío y todo se contrae, lo único que crece son las raíces hacia el interior de la tierra, esto es una muestra muy clara del tipo de vibración que es.

Al igual, nuestros cuerpos tienden a contraerse, y es el momento de tomar alimentos que nutran los órganos más internos que tenemos, que son el intestino grueso y los pulmones.

Es la fase en la que la energía llega a su máximo de densidad, formándose las piedras, rocas y minerales de la tierra, los metales.

El *Ki* se va al interior, y crea menos energía en el exterior, es como un puño cerrado, es la energía más concentrada, y cerrada de todas.

Si nos dispersamos en el exterior los órganos regidos por metal se debilitan y perdemos vitalidad.

En la vida se corresponde con la edad anciana, en la que solemos relacionarnos menos con el exterior y el alma está plena y madura, llena de su propio ser y esencia. Ya no necesitamos tanto nutrirnos de fuera y aprender ya que hay sabiduría reposada en el interior del alma.

En otoño es necesario recoger la energía y no malgastarla en el exterior, para que cuando llegue la primavera estemos fuertes.

Es como la época en la que las plantas llevan su energía a las raíces para poder luego crecer más en primavera, si se malgasta y no se recoge en el interior, al llegar la primavera, las raíces estarán pequeñas y no podremos crecer más.

En el pulmón el *Ki* se mezcla: el de la tierra, que es la sangre con el del cielo, que es el aire, el oxígeno.

Tanto los pulmones como el intestino son especialistas en dejar ir lo que hay que dejar ir y retener lo que sirve.

El clima de esta energía es la sequedad.

De hecho, ambos órganos funcionan mal en un exceso de humedad.

PERSONAS CON EL METAL EQUILIBRADO

- Esta energia nos ayuda a organizarnos y a poner límites, a autodirigirnos y conseguir nuestros objetivos.

- Personas con autodisciplina, capacidad de trabajo y de organización. Les gusta el protocolo y el ritual.

- Convincentes y claros en el pensamiento y en el discurso. Imagen es limpia y cuidada. Ordenados.

- Les gustan las cosas buenas, la calidad, el lujo. Son personas honestas y muy justas.

- Pueden tender a racionalizar en exceso ahogando sus sentimientos. Pueden ser filósofos o poetas.

- Tienen mucha capacidad de cambiar y transformarse, son alquimistas. La energía metal es la que nos ayuda a entrar dentro de nosotros y conocernos por dentro, así es la que suele contactarnos con nuestra energía de ser que somos, de la misión y dirección en la vida, por eso si no hacemos lo que hemos venido a hacer, y no sale jamos de nuestro camino de vida, el final es la depresión y la profunda tristeza, la solución pasa por la soledad y la conexión con nosotros mismos, la meditación, y el alejarse unos días de lo externo puede ayudar a re-conectarse. Extraordinario sentido estético de la belleza y del arte. Y a la vez son muy prácticos. Tienen una capacidad inmensa de ver la vida de forma positiva por lo que son personas fuertes en esencia.

- Tienen mucha fuerza yang de concreción, por lo que suelen realizar lo que quieran, pueden ser escultores, o líderes que son capaces de llevar a cabo sueños, materializar ideas es su fuerte.

- Tienen buena capacidad de autocontrol.

- El sentido de esta energía es el olfato y nos da buen olfato e intuición, y esto se extiende a una gran intuición para oler el peligro y conocer a las personas y situaciones de forma inmediata. Así como inteligencia para invertir y los negocios.

- Son personas sosegadas que captan como antenas las energías.

- Esta energía es la que nos conecta con la piel, y la especialista en poner límites y preservarnos de los demás.

- El peligro de ser demasiado fríos y controladores hasta el punto de alejarnos de los demás y ahogar las emociones al racionalizarlas.

- Por un lado quieren acercarse al calor humano pero por otro no desean ser invadidos, si el elemento está equilibrado, la persona sabe compartirse sin invadir, y estar cálidamente con los demás pero sin dejarse invadir y poniendo sus límites.

- Si la energía metal está débil nos dejamos fácilmente invadir por otros y atraemos gente que invade. Es como si hubiera un escudo de *Ki* grande y muy fuerte.

- No hablan mucho, suelen ser reservados. Suelen ser exigentes y perfeccionistas. Esta capacidad tiene mucho que ver con nuestra relación con el dinero y el lujo, así como la prosperidad.

PERSONAS CON DESEQUILIBRIOS EN EL ELEMENTO METAL

- Poco movimiento de brazos y manos. Postura hundida de pecho.

- Voz monótona y sin ritmo.

- Depresivas, solitarias, cerradas. Pueden terminar en suicidio. Personas muy previsibles organizadas en exceso.

- Va muy bien cambiar de rutinas, hacer cambios, cosas nuevas, locas, imprevistas.

- No les gustan las relaciones sociales, pasan desapercibidos.

- Muy observadores pero se muestran poco.

- Posesivos (estreñimiento) como su punto es distinguir lo que hay que retener o dejar ir, si esta energía se estanca, que es su tendencia, la persona suele acumular emociones, recuerdos, cosas, enfados, lo que sea, sin lograr pasar página, o llenándose de cosas que la inmovilizan y estancan.

- Suelen formarse en el cuerpo piedras y cálculos o tumores y quistes, ya que esta es la energía de cristalización y materialización; cuando un problema llega aquí, es que ya ha intervenido una energía muy yang y contractiva en el proceso.

- Reuma, artritis, artrosis en manos y brazos, la porosidad del intestino tienen mucho que ver, igual que en los procesos alérgicos.

- Problemas en muñecas, hombros y brazos. Poca fuerza en manos, exceso de pulseras, muñequeras, relojes, etc.

- Cándidas, enfermedad de Crohn, son enfermedades por debilidad del intestino, y exceso de humedad.

- Las bronquitis, asma, y catarros de vías altas con mucosidad lo son por un exceso de humedad.

- La depresión, suele estar relacionada a un espacio determinado; va muy bien cambiar de aires.

- Si hay desequilibrio puede haber un exceso de rigidez, y perfeccionismo que resulta paralizante y les aleja de relaciones emocionales sanas.

- Si el desequilibrio es más yin, la persona suele demostrar abiertamente su tristeza, se la ve derrotada, sin fuerzas, apagada.

- Si la depresión es más yang, la persona necesitaría espacio, respirar, pero suelen quedarse obsesionadas con lo material, racionales en exceso, desconectadas y alejadas, y enfocarse en el trabajo obsesivamente para no verse. Lo material empieza a sustituir a lo emocional. Muchas grandes fortunas han sido hechas con este tipo de problema.

LOS ALIMENTOS QUE FAVORECEN
LA ENERGÍA DEL PULMÓN SON:

CEREALES

El arroz, alimento muy contractivo y reforzante. Su alta concentración resulta muy útil en personas dispersas y débiles. Al no dejar residuos en su asimilación es muy útil para depurar.

LEGUMBRES

Las lentejas y judías y garbanzos pequeños, la soja negra.

VERDURAS

La coliflor es muy buena para el pulmón, las coles y el brécol y las hojas de la zanahoria. Todas aquellas que son de raíz y blancas como el nabo, la zanahoria, rabanitos, rábanos, chirivías.

El kuzú es especialmente reforzante para el intestino y el pulmón, es una raíz enorme.

El jengibre. El lotus. El té de loto, las hojas de rabanitos y de nabos. Los berros que son verdes y limpian el pulmón, y además son un poco picantes.

Las raíces cocinadas con sus hojas van muy bien para el pulmón también.

ALGAS

La hiziqui.

FRUTAS

Las peras muy buenas para problemas yang de pulmón. Albaricoque y melocotón, frescos y secos.

PESCADO

Las sardinas y boquerones.

- Además podemos usar los otros cereales como el mijo, que eleva las defensas y es rico en magnesio.
- La avena, el arroz dulce. Arroz con castañas, con almendras, con azuquis, con avena,con verduras dulces, como la calabaza, la zanahoria y el maíz. Croquetas de mijo, etc.
- Sopas de verduras con miso, y jengibre para calentar, y en caso de resfriados, calienta mucho y dispersa el frío.
- Cremas de verduras redondas, con especias como la canela y la nuez moscada.
- Los frutos secos muy remineralizantes y que nutren y aportan calor interior.
- Se puede aumentar el uso de sal y de aceites.
- Se aumenta el tiempo de cocción de las comidas, guisos largos, estofados, salteados largos, horno, presión, potajes de legumbres pequeñas, fritos.
- Se puede tomar pescado si hay debilidad que nutre y aporta yodo para la tiroides.
- Y añadir frutos secos a los estofados y algas como la wakame, la sacarina, el espagueti de mar, alga dulse…
- Las ensaladas mejor maceradas o prensadas y mejor si son escaldadas o al vapor.
- Reducir los crudos y zumos, pues van fatal en casos de problemas pulmonares o de intestino. La fruta es mejor tomarla en compota o asada o en postres.
- Espesar con kuzú en lugar de agar-agar.

- Sabores: El sabor parar fesorzar el pulmón y el intestino, ese picante natural como los nabos, rabanitos y el jengibre, que dilata el sistema respiratorio.

- El color es el blanco por ello van bien las verduras y cereales de color blanco como las cebollas, etc.

- Horario: el atardecer; es a esta hora cuando el pulmón y el intestino grueso tienen el máximo de energía; por ello es bueno trabajar con ellos para su mejora, dando paseos o montando en bici.

- Tejido: la piel. Sentido: el olfato. Manifestación vocal: el llorar.

- Manifestación vocal: el llorar.

- Clima: seco.

- Manifestación psíquica:

- Positiva: autodisciplina, orden, comprensión y sensibilidad, método, refinamiento, elegancia.

- Negativa: depresión y exclusividad y frialdad.

- Favorece mucho la energía de pulmón las actividades en la naturaleza. Tener plantas en casa.

- Nadar en el mar. Cantar.

- Té de loto.

- Las hojas de rábano y los rabanitos. La respiración consciente y la meditación.

LO QUE PERJUDICA A LA ENERGÍA DEL PULMÓN Y EL INTESTINO GRUESO

- La humedad. Y el frío por eso en invierno aumentan los problemas de pulmón o en las zonas de bosques, frescas y húmedas. Aquí hay que tener cuidado con los lácteos, que añaden más mucus y humedad al pulmón.

- El abandono emocional.

- Los ambientes caóticos y el desorden, la falta de disciplina tanto como el exceso.

- El clima muy húmedo o muy seco. El clima de Madrid es fatal para metal. Exceso de rigidez y la autocrítica.

- No sentirse queridos.

- La indeterminación y las dudas, no saber qué hacer. Tristeza continuada y no expresada.

- En los niños la falta de calidez en las relaciones.

- Huevos, embutidos, quesos fuertes, carnes asadas... pues las grasas obturan los alvéolos disminuyendo su capacidad de absorber oxígeno. Abusar de exceso de líquidos, los líquidos en exceso empapan el pulmón que como es como una esponja cuanto más líquido tiene menos aire puede absorber.

- Otro alimento que cronifica las dolencias de pulmón son los lácteos. Y los farináceos especialmente acompañados de leche y azúcar. La leche de soja. Los helados por la grasa que contienen. Pastelería industrial por las grasas saturadas y el azúcar que contienen. El tabaco por supuesto. La contaminación atmosférica. Los ambientes muy húmedos.

- Abusar del azúcar refinado, abusar de frutas crudas en invierno, y zumos.

RELACIÓN CON EL SISTEMA INMUNE

El intestino es, como la piel, una delgada película que nos separa del exterior, así como la piel, sirve de barrera que no deja pasar ningún agente patógeno o parásito, el intestino es la barrera encargada de filtrar los nutrientes que pasan a la sangre y los que no pasan.

Si está débil se vuelve poroso y empiezan a colarse sustancias y moléculas que no debieran, lo que termina por darle más trabajo al bazo y al sistema inmune y por debilitarlos. ¿Cómo realiza estos procesos enzimáticos de absorción? Pues a través de su flora bacteriana, por ello es indispensable regenerar la flora intestinal, ayudamos a ello, con el shoyu y el tamarí, la sopa de miso, y los piclkes y fermentados, así como tomando a menudo nabo, zanahorias, y otras raíces. Así como el jengibre y algo de picante.

Y teniendo una buena reserva de minerales, ayudamos a crear un buen *Ki* protector y a mejorar la piel.

PARA OTRAS PARTES DEL PLANETA LEJANAS A EUROPA. ALIMENTOS PARA OTRAS PARTES DEL MUNDO

Los alimentos que expongo como medicinales en este libro son todos ellos procedentes de la macrobiótica y medicina tradicional china o de Europa.

Si te encuentras en otros lugares del planeta como pueda ser México, Sudamérica… has de sustituir las verduras por las que sean de esa zona y tengan una condición parecida en cuanto a color y textura, solamente teniendo en cuenta que las raíces servirán para el elemento agua, lo redondo para el tierra y lo verde para el fuego y madera, así mismo las verduras en forma de flor para el elemento fuego y el corazón. Los blancos para el pulmón e intestino.

Existen numerosos alimentos en diferentes partes del mundo que son así mismo medicinales, como, por ejemplo, algunos que cito aquí abajo:

- Camote, Huitlacoche, Epazote, Huauzontle, Pápalo, Quelite, Quintoniles, Nopal, Chayote, Calabacitas, Habas, Chilacayote, Jícama, Yuca.
- Legumbres: Frijoles (variedad: negros, blancos, amarillos, rojos, etc.)
- Cereales: Maíz, Amaranto, Chía.
- Y un largo etcétera entre los platos típicos de cada país.

APÉNDICE 2
RECETAS DEL MUNDO

RECETAS CON CEREALES RECOGIDAS POR EL PLANETA

Este apéndice no pretende ser un recetario, sino más bien una muestra de recetas que he encontrado por el planeta de varias culturas en las que la base es el cereal, y alimentos de la zona. Todas ellas son saludables y energéticas además de muy ricas. Así mismo las recetas las comento de forma sencilla, primero porque son realmente muy sencillas, y segundo porque huyo de recetas demasiado elaboradas, ya que prefiero utilizar la interacción con el fuego, el agua que sueltan las verduras, y los tiempos de forma directa en el presente. Huyo de las recetas con todo medido, pesado, y muy estructurado, ya que se pierde la magia y la frescura del arte de cocinar, que consiste precisamente en crear algo estando presente durante todo el proceso, y no en seguir un manual de forma mental.

Te animo a relajarte y a cocinar con corazón y no de forma mecánica en lo sucesivo, descubrirás que nutrirte es una experiencia enriquecedora y diferente en cada ocasión.

CEBADA NAVIDEÑA

Ingredientes:

Cebada en grano, semillas de amapola, nueces, miel.

Esta receta está tomada de los países escandinavos, y es un plato navideño de cebada. Su propiedad es relajar el intestino, y el hígado. Es buena en caso de contracturas, ciáticas, lumbalgias, enfados, impaciencia. Problemas hepáticos de todo tipo, incluido el cáncer de hígado, en cuyo caso habría que sustituir la miel quizá por melaza de arroz.

Se pone una taza de cebada en grano en remojo, se remojan la noche anterior también las semillas de amapola. Por la mañana se pone la cebada en una olla, se añaden tres medidas de agua y las semillas de amapola, las nueces y se pone a cocinar, a fuego medio, añadiendo más agua si se quedaran secas, cuando la cebada está blandita se añade la miel. Puede servirse frío como postre.

HUMMUS CON CUSCÚS

Se cuecen unos garbanzos con un trozo de alga kombu. Cuando están cocidos se prepara una pasta poniendo en un bol los garbanzos y añadiendo tres cucharadas de tahim, un poco de zumo de limón, sal, un poco de salsa de soja, un cuarto de ajo. Se bate todo junto, hasta formar una pasta con consistencia de paté.

Mientras preparamos el cuscús, se añade una taza de cuscús en dos tazas de agua hirviendo y se deja que absorba el líquido. Cuando está blandito, y ha absorbido el agua, se añade un poco de aceite. Se puede servir una bola de Humus con otra de cuscús, o bien con tortas de trigo para mojar el humus.

FRIJOLES CON MAÍZ

Ingredientes para 4 personas:

- Una taza de frijoles pintos crudos
- 1 pepino grande cortado en dados
- 1/2 cebolla picada finamente
- 140 gramos de maíz dulce en conserva (escurrido)
- 7 ramitas de cilantro finamente picado
- 3 cucharadas de zumo de limón
- 2 cucharadas de aceite de oliva
- Sal y pimienta

Preparación:

Antes de cocer las alubias las habremos dejado en remojo durante toda la noche.

Desechamos el agua del remojo y cocemos los frijoles en la olla a presión hasta que estén tiernos con un trozo de alga kombu, si es posible o cochayuyo. Cuando están cocidas, se apartan. Colocamos todas las verduras picadas en un bol y mezclamos con las alubias y el maíz dulce. Una vez están mezcladas las aliñamos con salsa de soja, limón, y un poco de aceite, se rectifica la sal y se añade un poco de pimienta si se desea.

SHUSHI DE ARROZ INTEGRAL Y ALGA NORI

Estos shushis o ma*Ki*s para llevar, son una buena forma de comer completo y sano y solventar comidas y cenas para llevar.

Ingredientes:

Arroz integral, alga nori, tostada o sin tostar.

Si el alga nori no es tostada, hay que tostarla, en el fuego.

Se deja cocer el arroz hasta que esté muy blandito. Se rellena la hoja de alga nori, con el arroz aplastándolo bien con una cuchara, y cuando está bien cubierto se añade un poco de gomasio y mirin (vino de arroz).

A continuación se rellenan, dependiendo de cuál sea el relleno que elijamos, habrá que contar con diferentes ingredientes:

Shuhis de zanahoria, aguacate, con ume boshi; se unta de ume boshi el arroz, en este caso no se añade mirin, y se pone la zanahoria cocida y el aguacate en tiras, se cierra y se corta.

Shushis de tempeh y verduras.

Se unta el shushi de mirin y gomasio, y se pone en el centro, pickles y tempeh frito y macerado en shoyu y se puede añadir también zanahoria o aguacate.

Hay gran variedad de shushis que pueden hacerse, con atún, tofu, crema de cacahuetes y diferentes pickles, pescados y verduras.

KASHA

Ingredientes:

- 1 taza de trigo sarraceno
- 1 cucharada de aceite de sésamo.
- Sal
- Cebollas.

Tostar el trigo en una sartén con la cucharada de aceite de sésamo y a continuación se hierve en el doble de agua hasta que esté blando y suelto.

Añade la sal al gusto, tapa la sartén o la olla y deja cocer 20 minutos.

Corta la cebolla en aros finos y rehógalos en el aceite de sésamo hasta que queden blandos. Añade unas gotas de salsa de soja, sal al gusto (opcional) y el trigo sarraceno, mezcla bien y sirve. Se puede hacer también con otros aceites e incluso con Gi esta receta.

RISSOTO INTEGRAL ENERGÉTICO

Esta receta está inspirada en el rissoto pero hecha con arroz integral, una rica forma de introducirlo en nuestra casa.

Se cocina el arroz integral en la olla a presión. El doble de agua que de arroz siempre. Con un trozo de alga kombu.

Se prepara un salteado de champiñones laminados, o de setas variadas, incluidas la shiitaque. Con cebollita picada y un poco de perejil. Cuando están hechos los champiñones, se añade un poco de limón y un poco de salsa de soja.

A continuación mezclamos el arroz y un poco de queso bueno de fundir, de buena calidad y ecológico.

Si no deseas comer lácteos, podemos añadir un poco de "mochi" molido; el mochi es arroz glutinoso, que se vende en pastillas y al fundirlo cuando se ralla da el efecto del queso. Hay que rallarlo y luego se añade al arroz junto con los champiñones, para dar el efecto de que es queso fundido.

TABOULÉ LIBANÉS ADAPTADO

Ingredientes:

Para 4 personas: 4 manojos de perejil fresco. 1 manojo de menta fresca. 2 tazas de trigo bulgur medio con mostaza. 2 limones. 1 cebolla blanca. 4 pepinos. Algunos tomates cherrys. 10 cl de aceite de oliva. Sal y pimienta.

Verter el bulgur en un tazón. Agregar 4 tazas de agua y dejar reposar durante 30 minutos. Lavar bien la menta y el perejil y dejar secar. Enjuagar los tomates y pepinos, cortarlos en cubos pequeños. Pelar y picar la cebolla. Picar el perejil y la menta. Cuando el bulgur esté listo, escurrirlo en un paño limpio y colocarlo de nuevo en el recipiente junto con toda la preparación. Añadir el zumo de 2 limones, sal y pimienta al gusto y mezclar bien. Tapar y dejar reposar durante 2 horas en el frigorífico. Justo antes de servir, añada el aceite de oliva y mezcle. Puede añadirse unas gotas de salsa de soja o vinagre de umeboshi para alcalinizarlo más.

NOS VEMOS MUY PRONTO

Con estos apuntes tienes una muestra para ir modificando tus hábitos e ir equilibrando tu energía y tus órganos, utilizando los cereales integrales en grano. Puedes desarrollar cualquier guiso o receta que conozcas con legumbres y verduras añadiendo los cereales que más te gusten. Combinan muy bien como guarnición de pescados, acompañamiento de legumbres o mezclados con verduras de todo tipo, a modo de arroces variados. O también en ensaladas mezcladas de legumbres y cereales en grano.

Te animo a que desarrolles tu imaginación e inventes tus propios platos.

No obstante, si deseas tener algunas recetas especialmente curativas, puedes obtener mis recetarios básicos con platos de cereales y verduras, solicitándolo. Para recibir este bonus de recetas que acabas de obtener de regalo al comprar este libro, haz lo siguiente:

Solicítalo en mi web:
www.dianalopeziriarte.com
Envíame un email y una foto tuya con mi libro
o compartiéndola en tu perfil de facebook.
Después envíame el mensaje a mi facebook:
www.facebook.com/diana.lopeziriarte

Diana Isabel López Iriarte

ÍNDICE

Soy capaz de "verte" en tu mejor versión y darte un tratamiento completo, para el cuerpo, la mente y el alma.

Todo lo que pongo a tu servicio es auténtico y vivenciado por mi día a día, y te servirá en la medida de que estés dispuesto a comprometerte contigo mismo y con tu felicidad.

Si quieres que te ayude a recuperar tu
Poder y Energía Interior, visita mi página web:

www.dianalopeziriarte.com